国家重点研发计划项目"农业装备制造产业集聚区域网络协同制造集成技术研究与应用示范"（2020YFB1713500）和科技部创新方法工作专项"农机装备智能制造创新方法系统性应用研究与示范"（2016IM030200）阶段性成果

面向网络协同制造的农机装备供应链关键技术及应用

吕锋 著

北京·

内容简介

为实现农机装备行业优化升级,提升农机装备的数字化、网络化、智能化水平,网络协同制造成为农机装备行业发展的新趋势。本书立足于网络协同制造技术,以农机装备企业及其供应链为研究对象,从农机装备需求预测、供应链库存控制、供应链物料配送和供应链信息协同四个维度,重点介绍了面向网络协同制造的农机装备供应链关键技术。

本书适宜智能制造、工业工程以及相关专业的技术人员参考。

图书在版编目(CIP)数据

面向网络协同制造的农机装备供应链关键技术及应用/吕锋著.—北京:化学工业出版社,2024.8
ISBN 978-7-122-45686-1

Ⅰ.①面… Ⅱ.①吕… Ⅲ.①农业机械-制造工业-供应链管理-研究-中国 Ⅳ.①F426.4

中国国家版本馆CIP数据核字(2024)第100616号

责任编辑:邢 涛　　　　装帧设计:韩 飞
责任校对:王 静

出版发行:化学工业出版社
　　　　(北京市东城区青年湖南街13号　邮政编码100011)
印　　装:北京虎彩文化传播有限公司
710mm×1000mm　1/16　印张10　字数220千字
2024年7月北京第1版第1次印刷

购书咨询:010-64518888　　　售后服务:010-64518899
网　　址:http://www.cip.com.cn
凡购买本书,如有缺损质量问题,本社销售中心负责调换。

定　价:99.00元　　　　　　　　　　版权所有　违者必究

前 言

为实现农机装备行业优化升级,提升农机装备的数字化、网络化、智能化水平,网络协同制造成为农机装备行业发展的新趋势。农机装备作为生产资料,具有对象多样性、功能细分性、需求季节性和个性化定制等特点,其装配制造具有品种多、批量小、按节拍、按顺序的混流生产特征。网络协同制造的新环境使传统供应链管理遇到了前所未有的挑战,以契约式为主的传统供应链难以协同、有序、齐套、精准快速响应生产需求,严重影响农机装备企业生产效率和效益,导致生产效能低、竞争性差。

本书以农机装备企业及其供应链为研究对象,从农机装备需求预测、供应链库存控制、供应链物料配送和供应链信息协同四个维度,对面向网络协同制造的农机装备供应链关键技术进行研究。本书的主要内容如下。

(1)基于数据分解集成的农机装备需求预测

针对农机装备市场需求的周期性、非线性等复杂特征,应用经验模态分解法将农机装备历史需求数据分解为不同特征的子序列。引入频谱分析方法,将序列重构为由农业生产活动影响的周期性波动序列和由外部经济环境影响的多因素影响序列,结合时间序列模型与定量回归模型,构建 GSCV-SVR-Prophet 组合预测模型,建立了基于数据分解集成的需求预测方法,有效避免了单一预测模型的局限性，减少了预测误差。

（2）峰谷生产下农机装备供应链库存控制

从多阶段决策问题的动态规划求解视角，将经典报童问题拓展至多周期、多产品，构建了动态规划阶段效益函数，构建了适用于农机装备供应链库存系统的多周期、多产品库存控制模型，设计了DP-DWOA的组合求解方法，实现以需求预测结果为输入，智能求解算法为过程，最佳库存决策和经济结果为输出的供应链库存控制模型的智能优化决策，为农机装备企业供应链整体库存的控制和库存成本的优化提供了理论依据。

（3）面向网络协同制造的农机装备供应链配送策略构建

以网络协同制造模式下的供应链管理系统为基础，制定农机装备内外部供应链物料配送策略。构建了多变量、多约束的外部供应链配送批量优化模型，设计了IGWO算法。构建了多目标、多频次、小批量的内部供应链物料配送期量优化模型，设计了多目标灰狼优化算法。提升物料配送决策的准确性，实现了供应链物料配送的高效和成本最优。

（4）网络协同制造环境下农机装备供应链信息协同流程优化

针对网络协同制造环境下农机装备混流生产的供应链信息协同流程的稳定问题，建立供应链信息协同流程数据序列。基于排序数据序列特性，应用灰色绝对关联分析方法，建立供应链信息流程稳定性评价模型，分析其灵敏性，构建了网络协同制造环境下混流生产的供应链信息协同流程优化模型。实例验证了模型的可行性，为实现农机装备供应链信息协同流程优化提供理论支持。

由于作者水平有限，书中不妥之处，请读者指正。

吕锋

目 录

第 1 章　绪论　001

1.1　农机装备发展现状及网络协同制造的优势　003
1.2　国内外研究现状综述　005
1.2.1　网络协同制造模式研究现状　005
1.2.2　需求预测研究现状　006
1.2.3　库存控制研究现状　008
1.2.4　供应链物料配送问题研究现状　010
1.2.5　供应链信息协同问题研究现状　012
1.3　主要研究内容　013
1.4　本章小结　015

第 2 章　基于数据分解集成的供应链需求预测方法　017

2.1　数据分解与集成方法　019
2.1.1　基于经验模态分解的被预测变量序列分解　019
2.1.2　基于离散信号频谱分析的子序列重构　022
2.2　预测特征构建　023

2.2.1　基于子序列分析的外部影响因素特征向量构建　023

2.2.2　基于滑动窗口法的内部自相关特征向量构建　025

2.3　GSCV-SVR-Prophet 组合预测模型构建　026

2.3.1　数据标准化　026

2.3.2　基于改进的网格搜索与交叉验证的支持向量回归　028

2.3.3　Prophet 时间序列预测模型　031

2.4　实例验证　033

2.4.1　农机装备历史需求序列分解　033

2.4.2　影响因素选取与子序列重构　034

2.4.3　GSCV-SVR-Prophet 组合预测模型应用　038

2.5　本章小结　044

第 3 章　峰谷生产下农机装备供应链库存控制方法　045

3.1　农机装备供应链库存系统现状分析　047

3.1.1　农机装备供应链库存系统现状　047

3.1.2　农机装备供应链库存系统特征分析　049

3.1.3　农机装备供应链库存控制目标　050

3.2　农机装备供应链库存管理模式改进　052

3.2.1　供应链库存管理　052

3.2.2　基于 CPFR 的供应链库存管理模式　054

3.3　基于需求预测的农机装备供应链库存控制策略构建　056

3.3.1　基于需求预测的库存控制　056

3.3.2　供应链库存控制策略建立　056

3.4　多周期、多产品库存控制模型构建　058

3.4.1 问题假设与符号说明 058
3.4.2 基于报童问题的多产品动态规划阶段效益函数构建 059
3.4.3 动态规划状态转移方程与多周期库存控制模型构建 061
3.5 多周期、多产品库存控制模型的智能优化决策 064
3.5.1 基于离散鲸算法的阶段效益函数求解 064
3.5.2 基于 DP-DWOA 的库存控制模型组合求解 067
3.6 实例验证 068
3.6.1 数据收集 068
3.6.2 库存控制模型与求解算法应用与评价 069
3.7 本章小结 074

第 4 章　网络协同制造模式下农机装备供应链物料配送方法 077

4.1 网络协同制造模式下农机装备供应链物料配送策略设计 079
4.1.1 网络协同制造技术及应用分析 079
4.1.2 网络协同制造模式下农机装备供应链物料配送策略 080
4.2 农机装备外部供应链配送模型构建 091
4.2.1 问题描述 091
4.2.2 优化目标与约束条件分析 092
4.2.3 参数设置 093
4.2.4 模型构成 093
4.3 IGWO 算法设计 095
4.3.1 GWO 算法 095
4.3.2 IGWO 算法设计 097

4.4 基于生产计划的农机装备内部供应链物料配送模型构建　100
4.4.1 问题描述　100
4.4.2 模型构建　101
4.5 改进 MOGWO 算法设计　103
4.5.1 MOGWO 算法　103
4.5.2 改进 MOGWO 算法　104
4.6 实例验证　106
4.6.1 基于需求预测的农机装备外部供应链物料配送验证　106
4.6.2 基于生产计划的农机装备外部供应链物料配送验证　109
4.7 本章小结　115

第 5 章　网络协同制造模式下农机装备供应链信息协同流程优化方法　117

5.1 农机装备供应链信息协同流程优化问题分析　119
5.2 农机装备供应链信息流程的数据序列　122
5.3 农机装备供应链信息协同流程优化方法构建　123
5.3.1 农机装备供应链信息流程稳定性评价　124
5.3.2 农机装备供应链信息协同流程优化模型　134
5.4 实例验证　136
5.5 本章小结　137

第 6 章　农机装备供应链未来研究方向　139

6.1 当今技术难点 141
6.2 未来研究方向 142

参考文献 144

后记 150

第 1 章

绪 论

1.1　农机装备发展现状及网络协同制造的优势

农机装备是"中国制造 2025"战略的十大重点领域之一，是支撑我国农业生产和发展的重要基础和战略性产业。作为装备制造业中与农业密切相关的行业，我国农机装备制造业在中央持续稳定的利好"三农"政策指引下实现了快速发展，农机工业生产总值、销售收入、利润总额、进出口贸易额等各项指标连续多年增幅均在 20% 以上。我国目前已经成为世界农机生产大国。与此相对应，顾客个性化需求的快速增强、市场竞争的日益加剧、利润空间的不断缩小等使得我国农机装备制造企业依然面临严峻的问题和挑战。

与其他机械制造企业相比，农机装备产品品种多、个性定制化需求大。能够快速响应客户多样化需求，提升企业竞争力的生产方式，已成为农机装备制造业的主攻方向。农机装备企业为了满足多样化、定制化的市场需求，一般采用多品种、小批量、定制式的混流生产方式。混流生产是企业以满足顾客需求为导向，以品种、产量、工时、设备负荷全面均衡为前提，将工艺流程、生产作业方法基本相同的若干个产品品种，在一条生产线上科学地编排投产顺序，进行有节奏的混合连续生产制造的模式，能够有效提高产品生产效率，满足多品种多规格的生产装配需求。

供应链是农机装备生产的关键要素，决定了企业能否快速响应市场变化与客户需求，以及能否准时生产并进行成本的控制[1]。农机装备混流生产的方式要求供应链物料配送必须高效、低成本且能准时交付。但是，由于混流生产机型种类众多、结构复杂，增加了供应链管理的难度与复杂性，造成供应链响应滞后、不齐套、库存高以及物流成本增加等问题，严重制约了农机装备企业生产效率和效益。因此，需要进行系统性的供应链优化和制定科学的管理策略，达到供应链协同，高效和低成本。

网络协同制造是以数字化、网络化、智能化等信息技术为基础，在供应链内各企业间以及企业内部，通过资源共享和优化配置，实现产品从设计到销售整个流程中的高效协作的一种制造模式[2]。将这种模式引入农机装备企业供应链管理实践中，是企业应对复杂多变市场环境、满足个性化市场需求并实现生产方式变革的有效途径。因此，农机装备企业为应对不断变化的市场环境，满足市场需求，根据生产方式的特性，将网络协同制造模式应用于实际生产和供应链管理中，在农机装备需求预测的基础上，构建农机装备企业供应链库存控制模型，制定内外部供应链物料配送策略与优化供应链物料配送期量和设计供应链信息协同流程，实现网络协同制造模式下供应链快速、准确、协同、经济响应生产的需求，是其由传统制造向智能制造转型升级的有效途径。

综上所述，网络协同制造是农机装备制造业高质量发展的重要趋势，混流生产是网络协同制造环境下农机装备企业普遍采用的生产方式，网络协同制造模式下的混流生产对供应链提出了更高的要求。因此，本书以农机装备制造企业及其物流供应链为研究对象，从农机装备需求预测、供应链库存控制、供应链物料配送和供应链信息协同四个维度，系统探索面向网络协同制造的农机装备物流供应链关键技术，以期为农机装备业实现网络协同制造环境下的供应链优化提供理论依据。

1.2 国内外研究现状综述

1.2.1 网络协同制造模式研究现状

针对网络协同制造模式，国内外学者开展了卓有成效的研究。罗建强等[3,4]为了提高中国农机装备制造业网络协同制造效率与效益，对农机装备产业集聚区内企业间协作特征进行研究，将网络协同制造与服务型制造进行融合，提出农机装备服务型网络协同制造模式。石硕等[5]针对数控机床产业集群区域的网络协同制造模式，提出一种可以在不同企业的信息系统之间进行信息共享的安全机制。陈建萍等[6]从内部协同、供应链协同、区域制造资源协同三个维度构建了仪器仪表产业网络协同制造发展模式。朱晓霞等[7]认为网络协同制造企业之间通过命令链、价值链和供应链三种链条结构进行联系。毕闯芳等[8]分析复杂重型装备协同制造的流程与活动，研究复杂重型装备网络化制造系统供应链协同问题和系统协同管理问题，设计了组织协同、过程协同、信息协同、资源协同和目标协同等框架，以确保系统的可持续发展。闫红翔等[9]针对复杂重型装备制造类型多、复杂度高、客户高度定制的特征，结合现有生产制造模式效率低，成本控制难等问题，设计了复杂重型装备网络化协同制造系统功能架构。黎小华等[10]提出了一种航空装备数字化供应链协同制造云平台，将供应链协同、供应链追溯、供应链赋能、大数据分析和决策等功能应用于供应链企业。Zhang等[11]针对工业制造过程，提出了基于制造链、价值链和产业链的网络协同制造系统框架。Wang H等[12]分析了离散制造企业多车间生产的生产特点，提出了面向C-MES离散制造企业的架构。

以上学者对网络协同制造模式在制造业的应用进行了深入的研究，将网络协同制造应用于农机装备供应链管理中，提高供应链效率，实现供应链的协同运作管理,他们的成果具有可借鉴之处。

1.2.2 需求预测研究现状

需求预测是根据历史信息或资源,综合对市场未来的发展,对企业短期或长期的订购量、生产量、库存量等合理估计的过程。各种需求预测方法在企业实际运营中被广泛应用,预测方法主要有三大类别:定性预测方法、定量预测方法和组合预测方法。

定性预测方法主要有德尔菲法、市场调查法等。定性预测通常建立在观察和分析的基础上,运用逻辑推理的方法对被预测对象的发展和各种影响因素进行解释。但是,定性预测方法在预测过程中过分依赖个人的经验以及分析判断能力,其预测结果通常以文字描述或大致取值区间呈现,精确度难以把控,缺乏科学依据。

定量预测方法以基于数学计量模型的预测方法为主,如时间序列模型和回归模型。郑琰等[13]通过应用基于时间序列的自回归滑动平均模型,构造时间序列相关函数,对电商企业的未来需求进行了预测。杨越等[14]采用SPSS时间序列的专家建模器对某医院高值耗材进行数据建模,分析和预测了未来一段时间内该高值耗材的使用需求。Farimani等[15]以多准则决策为基础,证明了差分自回归移动平均模型预测方法对部分产品的未来需求具有较好的预测效果。Angulo-Baca等[16]使用基于协同规划、预测和补充方法的差分自回归移动平均模型解决因需求预测不准和库存信息不共享而引起的库存管理问题。高东东等[17]将灰色模型与线性回归模型组合,建立灰色线性回归组合模型,对电商平台商品销售量的预测结果表明灰色线性回归组合模型在电商仓库库存量预测中具有明显的优势。刘登一等[18]针对飞机上某种多重共线性需求规律的器材备件预测问题,建立了基于主成分分析法和岭回归有偏估计的需求预测模型。Aktepe 等[19]将多元线性回归分析、多元非线性回归分析集成,应用于某工程机械备件的未来需求预测中,取得了良好的效果。Zhou 等[20]结合随机效应回归模型、分段回归模型和最小截平方和估计,提出了一种混合效应分段回归模型用于预测美国南加州(加利福尼亚州洛杉矶市以南)的基线耗电量。定量预测法注重预测数据的量化分析,具有较强的操作性和科学依据。但是,这些定量预测方法在实际应用时,均存在一定的局限性,如时间序列模型在解释经济运行机理、挖掘经济变量之间联系等方面存在困难;回归模型是线性模型,在面对高度不稳定的经济环境时,难以取得令人满意的预测效果。

随着信息技术的发展,基于机器学习的智能定量预测方法成为近年来的研究热点,如人工神经网络法和支持向量机法。Hossein 等[21]提出了一种利用网格搜索方法,考虑给定时间序列的长短期记忆递归神经网络超参数的不同组合,自动选择最佳预测模型的多层长短期记忆递归神经网络的需求预测方法,预测某家具公司的需求数据。Peng 等[22]建立了一种具有 CNN-GRUU-AM 的注意机制的基于卷积递归神经网络预测模型,依据现有共享单车运行数据进行预测,减少了不必要的交付。任春华等[23]提出一种优势矩阵结合轻梯度提升机、门控循环神经网络的组合预测模型,经过加权进行需求预测。董琪等[24]将支持向量机应用于小样本需求预测问题,构建了基于网格搜索法和遗传算法优化参数的支持向量机预测模型,解决了传统预测模型针对小样本的预测精度不高的问题。但人工智能模型是黑箱结构,缺少相应的经济理论支撑,导致不能解释模型的具体含义。

组合预测方法往往先对原始序列进行分解,使其分解为多个特征不同的子序列,再综合两种或多种预测方法,将不同的子序列输入不同的模型,进行适当的组合或改进得到新的预测模型。Guo 等[25]提出了一种混合预测方法,将 Prophet 模型与支持向量回归模型相结合,预测具有季节性的制造业时间序列,提高了预测精度。刘志壮等[26]采用小波分解算法将用水量时间序列分解成若干子序列，对多种模型的预测结果进行等权相加得到最终预测结果，明显提高预测精度。高恬等[27]改进奇异谱分析对原始序列进行分解重构，应用极限学习机模型预测各子序列，得到最终煤电需求预测值。白朝阳等[28]提出基于经验模态分解及最小二乘支持向量机回归的组合预测模型以高效预测非平稳物料需求时间序列。Li 等[29]提出了 EMD-ELMAN-ARIMA 模型，利用 Elman 神经网络和差分自回归移动平均模型对识别出的分量进行预测，对各个分量的预测结果进行综合，得到最终的预测值。Rezaali 等[30]基于小波数据驱动预测方法构建了一种用于水资源预测的非线性多尺度模型，提高了机器学习预测的性能。组合预测方法在一定程度上增强了模型的可解释性，弥补了单一预测方法的缺陷，在高度复杂的序列预测问题中呈现出了优秀的预测性能。

需求预测方面，目前的研究主要针对预测模型的结构和预测指标体系的选取两个方面不断改进优化，忽略了预测模型实际应用中探查性的数据挖掘和数据分析研究，将序列特征提取和模型建立相结合的研究较少。

1.2.3 库存控制研究现状

如何在保证生产的前提下，减少库存成本，提高客户服务水平，是库存控制的核心。1879 年，意大利经济学家 V.Pareto 首创帕累托分析法（Activity Based Classification，ABC），随后被广泛应用于库存管理中。1915 年，美国的 F.W.Harris 发表关于经济订货批量的模型（Economic Order Quantity，EOQ），开创了现代库存理论的研究。20 世纪 30 年代，被称为"科学库存模型"的订货点库存控制法被提出，这些方法时至今日仍然在库存管理中发挥着重要作用。朱连燕等[31]提出一种基于径向基元模型的优化方法，确定了经济订货批量模型的帕累托最优订货策略。许雪琦等[32]基于三阶多项式曲线模型对产品的实际销售数据进行模型拟合，分析产品生命周期的阶段，针对不同生命周期阶段使用常见的订货策略对比分析，进行了仿真优化研究。陈亚玲等[33]应用ABC分类法，按单位时间内使用量的总金额依据帕累托分析图对不同耗材方法进行分类，优化了手术室耗材库存量，提升了库存周转率，物料短缺现象得到显著改善。

  传统的定量库存控制均是建立在需求是连续的、稳定的假设条件基础之上，无法快速响应需求的变化。因此，越来越多的学者将重点放在供应链环境下的需求动态变化的库存控制研究。陈金叶等[34]基于供应链环境中随机干扰的情况对零售商成本构成的详细分析建立了总成本函数，构建了时变需求下的易腐品经济订货批量模型，给出了最优订货周期与最大收益的决策建议。孔子庆等[35]针对需求量变化剧烈、需求发生不确定性强的备件库存控制问题，采用Bootstrap增广样本统计方法确定了备件的需求概率分布，建立了以库存总成本最小为优化目标的优化模型，并采用粒子群搜索算法求解得到各决策变量和最优经济结果。张建同等[36]基于环境的不确定性，构建了供应链网络动态模型，设计了制造商生产策略。赵川等[37]将控制理论应用到库存优化中，将动态微分方程转化为库存控制模型，通过Simulink仿真研究给出了一种交叉补货策略。李卓群等[38]引入了不确定需求，建立了受不确定性影响的供应链库存系统动态模型，并利用控制理论验证了模型正确性。Darmawan等[39]提出了同时考虑了选址、运输和库存问题及网络中协调库存控制的实现，设计了供应链网络的模型和求解方法，求解结果表明，考虑协调库存控制可以有效减少库存和供应链网络的总成本。Xiang等[40]采用集成供应链管理理论和协同理论对船舶企业的库存控制原理进行分析，构建并优化了船舶企业库存控制动态协同补货模型，以船舶企业涂料库存控制为例，验证了模型的有效性和正确性。Riezebos等[41]研究了定期检查库存策略中确定性和随机季节性交货期的影响，发现将季节性纳入库存控制策略的考虑中，代替以往大量的安全库存或安全时间缓冲，可以大幅降低成本。

在库存控制方面，目前的研究重点集中在库存控制模型的建立以及针对不同库存模型相应的求解算法改进，适用于农机装备供应链生产库存系统特点的库存成本优化和库存控制模型研究较少。

1.2.4 供应链物料配送问题研究现状

针对物料配送问题，国内外学者开展了丰富的研究。沈梦超[42]针对飞机移动生产线的物料配送问题，设置多种约束条件，对不同装配作业物料进行组合，建立了符合实际的飞机移动生产线物料配送数学模型。王昀睿等[43]通过对混流装配车间物料配送环境进行分析，解决了混流装配车间配送不及时、费用高等问题。杨晓英等[44]研究了农机制造多供应商配送多物料至核心制造商的物料配送模式。段金健等[45]提出一种面向车间作业过程的物料配送优化方法，考虑道路约束、工序约束和配送小车容量约束，以配送成本最低和路径最短为目标构建配送模型，解决了船舶制造企业制造过程中的物料配送成本高和配送效率低等问题。张守京等[46]研究考虑工位服务满意度的多目标车间物料配送路径优化问题模型，以解决制造车间物料配送过程中存在的配送效率低、工位服务满意度差以及配送成本高等问题。杨倩[47]针对含多种物料搬运设备的车间物料配送问题，以搬运成本、线边库存成本和装载率为优化目标，建立了多种物料搬运设备协同调度的配送模型。郑广珠[48]建立多供应商配送期量双层规划模型，解决了多供应商-单制造商构成的二级供应链中供应商物料在配送过程中物流成本高和卸货拥堵等问题。王金宇等[49]研究了与混流生产相适应的供应商直供线边物料配送动态期量优化问题。

马艳丽等[50]针对生产过程中单一物料配送方式所导致的成本过高问题，开展了考虑成本最优的物料配送方式研究。童傅娇等[51]针对机械车间工位物料配送路径优化问题，提出了一种双向物料配送策略。葛妍娇等[52]针对动态环境下的车间物料配送准确性和及时性需求，建立了基于智能感知网的物料配送动态优化模型。李亚杰等[53]研究了面向网络协同制造的物料配送路径优化，解决现场物料配送与计划执行脱节的问题。刘玉浩等[54]围绕生产物流系统仿真、配送方法设计、配送路径规划和配送系统开发等关键问题，开展混流装配线物料配送优化研究。陈广胜等[55]研究了装配车间物料配送过程中配送路径和作业者数量的多目标优化问题。程攀攀等[56]针对农机制造的供应商准时化物料配送问题，基于供应商的供货特征，构建了供应商准时化物料配送模式。张连超等[57]针对卫星总装车间装配执行和物料配送不同步影响卫星总装效率和质量的问题，提出了一种适用于基于灰色理论和多模型交互机制的物料准时配送方法。陈蓉等[58]针对制造车间内物料配送不及时、配送车辆负载率低、路径成本高等问题，提出了带软曲线时间窗的物料配送及剩余废料回收一体化策略。周炳海等[59]针对混流装配线的准时化物料配送调度问题进行研究。张世文等[60]提出一种基于实时定位的物料配送方法，解决离散制造车间物料配送过程的精准管控难题。Zhou B H 等[61]以能源消耗最小为目标，建立混流装配线物料配送多目标优化模型。Xia Y 等[62]分析了开放式车辆路径问题，在考虑软时间窗和满意率的基础上建立了双目标车辆路径优化模型。Napoleaon 等[63]研究了车辆异构的车辆路径问题。Gong 等[64]针对以制造商为主导的闭环供应链物流网络，设计两阶段多目标混合算法，优化了物料配送车辆路径问题。Altabeeb A M 等[65]研究了电容车辆的路径规划优化问题。Yao B 等[66]研究了有容量约束的配送小车路径规划问题。Wang Y 等[67]提出一种基于数字孪生的物料配送系统模型构建方法。Nielsen I 等[68]考虑了机器人的配送能力约束，研究了单个移动机器人物料配送方法。Milica P 等[69]对单个可移动机器人的物料配送顺序进行研究。Rahman HF 等[70]研究了含时间窗和容量约束的多 ATV（automated transport vehicles）运输调度问题。Olivier G 等[71]研究了制造商和第三方物流服务提供商的生产和物流的综合优化问题。

针对物料配送研究，国内研究侧重于针对传统的单一配送过程或配送方式进行优化建模并设计相关算法进行求解，缺乏从整个供应链视角进行全局优化的研究。国外研究多从物流成本入手设计合理有效的物料配送方案，在系统性能的定量评估及影响因素的定性分析方面做出诸多贡献，然而从降低成本的角度对供应链整体系统物料配送流程的研究尚需要深入。

1.2.5 供应链信息协同问题研究现状

在供应链信息协同模型及优化策略方面。江务学[72]提出了拥有在线和离线两种基本状态的供应链信息协同模型。Ha 等[73]针对分别包含一家零售商与一家制造商的两个竞争供应链，研究了信息共享对供应链的影响及在数量竞争和价格竞争中的需求信息共享问题。汪传雷等[74]从功能、对象以及属性等三个方面研究了区块供应链信息资源管理问题，并基于区块链技术建立了供应链信息生态圈模型。Zheng[75]探讨了基于系统动力学的零售企业供应链的信息协同优化策略。Gonul 等[76]把云计算作为电子供应链管理系统的推动者，从而进一步加强多层次医院供应链中的协同信息共享。赵谙博[77]针对具体的港口煤炭供应链信息化问题，研究该供应链的流程管理模式，设计了该供应链的协同运作信息化体系，探讨了支撑该体系实现的具体模式。

在供应链信息协同影响因素研究方面。Kembro 等[78]研究了多层供应链信息共享问题，采用 Delphi 法确定了 22 个影响多层供应链信息共享的因素。张涛等[79]针对汽车零部件的入厂物流问题，基于物联网构建了相应的信息系统架构，重点研究了影响物联网技术被该类物流采用的相关因素。关越[80]认为影响传统供应链信息协同效果的要因包含四个方面，即：合作伙伴之间的相互信任关系、信息共享水平、技术水平以及成本等。李杰[81]认为技术能力、成本、信息透明度和信任关系是影响供应链信息协同的主要因素。

在供应链信息协同评价方面。徐莉莉等[82]对供应链受到信息协同的影响进行了剖析，针对物联网环境下供应链特点，设计了相应的信息协同度评价指标体系并提出了新的评价方法。Jiang[83]利用物联网和大数据技术，针对供应链牛鞭效应问题，基于其数学模型建立了仿真模型，并运用仿真方法对模型中的关键因素进行了研究。

当前对于供应链信息协同已开展了广泛而深入的研究，确立了供应链信息协同对供应链协同的重要性[84]，探讨了供应链信息系统优化策略，针对一些具体行业提出了供应链信息协同机制，设计了供应链协同信息化体系。这些成果对供应链实现信息协同提供了很好的支撑。

1.3 主要研究内容

（1）建立基于数据分解集成的需求预测方法

针对峰谷生产下农机装备企业供应链库存需求受季节等多因素影响和可用历史数据较少等特点，提出一种基于数据分解集成的需求预测方法。通过 EMD 法将历史需求数据序列分解为不同特征的子序列，使用离散信号频谱分析方法检验了子序列周期性，结合相关性检验、方差贡献率与信号频谱分析方法对分解得到的子序列进行了分析，将原序列重构为由农业生产活动影响的周期性波动序列和由外部经济环境影响的多因素影响序列。建立了结合时间序列模型与定量回归模型的

GSCV-SVR-Prophet 组合预测模型对重构的序列进行预测,减少了预测误差。

(2)构建多周期、多产品库存控制模型与模型求解算法

调研农机装备企业供应链库存现状,利用信息化技术和基于 CPFR 的供应链库存管理改进了库存管理模式,建立了基于需求预测的供应链库存控制策略。针对峰谷生产下农机装备企业供应链多周期、多产品的库存控制现状,从多阶段决策问题和报童问题的视角,设计了多产品动态规划的阶段效益函数,构建了多周期、多产品库存决策模型。组合动态规划与离散鲸算法,建立了 DP-DWOA 多周期、多产品库存控制模型求解算法,实现了基于需求预测的库存控制智能优化决策。

(3)设计网络协同制造模式下内外部供应链物料配送策略

针对供应链信息共享与协同性不足、物料配送效率低、配送总成本高等问题,将网络协同制造技术应用于供应链管理过程中,实现物流信息的共享与协同。构建网络协同制造模式下供应链管理系统,制定网络协同制造模式下内外部供应链物料配送策略,实现供应链环节信息流与物流的自动感知、信息共享、科学决策和协同管理。构建外部供应链物料采购配送优化模型与 IGWO 智能求解算法,构建基于生产计划的内部供应链多目标物料配送模型与 IMOGWO 智能求解算法,实现了物料配送的科学决策。

(4)提出基于灰色绝对关联分析的供应链信息协同流程优化模型

分析网络协同制造环境下农机装备混流生产的供应链信息协同流程框架和问题,剖析供应链信息协同流程,建立供应链信息协同流程数据序列。利用排序数据序列特性,构建供应链信息流程稳定性评价模型并分析其灵敏性,构建了网络协同制造环境下农机装备混流生产的供应链

信息协同流程优化模型。

1.4 本章小结

本章主要阐述了本书所述内容的背景及意义,并在全面评述国内外研究文献的基础上,提出了主要研究方向,为后续的研究起到提纲挈领的作用。

第 2 章

基于数据分解集成的供应链需求预测方法

农机装备市场变化莫测，农机装备企业供应链产品需求量预测更依赖于新信息。可用历史数据量较少，且存在非线性、周期性、影响因素多样性等特点，使得现有单一预测模型的需求预测方法很难充分挖掘出历史数据的可预测信息。时间序列模型仅能识别自身的过去或滞后值之间的内在关系，无法确定各影响因素对预测量的影响，回归预测模型缺乏数据样本学习过程而导致非线性关系模糊，计算过程复杂，都难以取得令人满意的预测效果。因此，提出一种基于数据分解集成的需求预测方法，建立组合预测模型，以避免传统预测模型的局限性。

2.1　数据分解与集成方法

2.1.1　基于经验模态分解的被预测变量序列分解

HP 滤波、BP 滤波等方法在周期性序列的特征提取中应用较多。常见的做法是通过滤波方法提取出相应趋势项，然后通过对趋势项进行去除，从而得到相应周期性成分[84]。小波分析是常用于信号分析领域的数学理论方法，它能够把原始序列映射到由一个小波伸缩而成的一组基函数上，在通频范围内得到分布在各个不同频道内的分解序列。但是，这些序列分解方法中存在需要主观选取的参数，同一序列在不同参数设定下的分解结果差异性极大，对数据量较少的预测研究的准确性存在一定影响[85, 86]。

经验模态分解法（empirical mode decomposition，EMD）是一种不需要先验条件，也无需预先设定任何基函数的时频域信号处理方式，仅依据数据自身的时间尺度特征来自适应进行序列分解[87]。EMD 可以将信号分解成若干个固有模态函数（intrinsic mode function，IMF）之和，分解出来的各个 IMF 分量包含了原序列的不同时间尺度的局部特征信息。使用 EMD 可以将原本复杂的被预测变量序列分解为具有明显特征的子序列，从数据驱动的视角分析序列的波动变化，针对子序列特征给予经济、物理意义上的解释，为预测模型中特征的提取与构建提供了良好的前提条件。

EMD 分解的具体步骤如下。

步骤 1　遍历序列数据，找出原始输入序列 $x(t)$ 中所有局部极值点，使用三次样条插值法形成上包络线 $f_{\max}(t)$ 与下包络线 $f_{\min}(t)$，如图 2-1 所示。

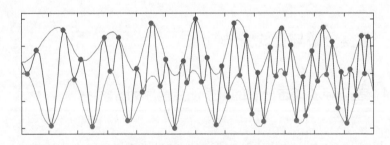

图 2-1　EMD 分解步骤 1 示意图

步骤 2　计算上下包络线的均值 $m(t)$，如式（2-1）、图 2-2 所示。

$$m(t) = \frac{f_{\max}(t) + f_{\min}(t)}{2} \tag{2-1}$$

步骤 3　计算为 $x(t)$ 与 $m(t)$ 的差 $h^1(t)$，如式（2-2）、图 2-3 所示。

$$h^1(t) = x(t) - m(t) \tag{2-2}$$

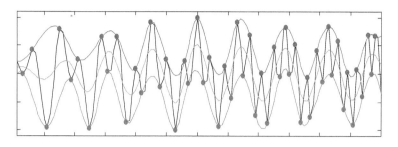

图 2-2　EMD 分解步骤 2 示意图

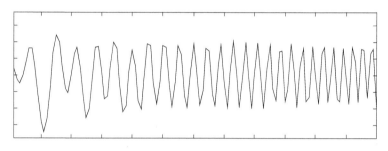

图 2-3　EMD 分解步骤 3 示意图

步骤 4　如果 $h^1(t)$ 满足：$h^1(t)$ 的极值点个数等于零点的个数或最多相差 1；$h^1(t)$ 的上包络线的均值为 0，即上下包络线关于时间轴对称，那么 $h^1(t)$ 为第一个 IMF。若 $h^1(t)$ 不满足上述条件，则使用 $h^1(t)$ 代替 $x(t)$ 并转至步骤 1，假设 k 次重复得到的 $h^k(t)$ 满足上述条件，则 $h^k(t)$ 为第一个 IMF。

步骤 5　将第一个 IMF 从原信号中除去，得到剩余部分，如式（2-3）所示。

$$x_1(t) = x(t) - \mathrm{IMF}_1 \qquad (2\text{-}3)$$

步骤 6　令 $x_1(t)$ 为新的 $x(t)$，转至步骤 1，直到序列为单调函数时停止循环，得到一组子序列 IMF 与一个残差序列 RES，如式（2-4）所示。

$$x(t) = \Sigma \text{IMF}_j + \text{RES} \tag{2-4}$$

2.1.2 基于离散信号频谱分析的子序列重构

在分析时间或空间域的连续和离散信号时，为了透过杂乱的信号对想要研究的频率成分进行解析或者加密，通常需要对时间域的信号进行傅里叶变换[88]。离散傅里叶变换（discrete Fourier transform，DFT）是傅里叶变换在时域和频域上都呈现离散的形式，DFT分析法是信号分析的最基本方法，它可以把信号从时间域变换到频率域，进而研究信号的频谱结构和变化规律。

设有限离散函数 $x(n)$，$n=1, 2, \cdots, N-1$，$x(n)$ 的DFT函数如式（2-5）所示：

$$X(k) = \sum_{n=0}^{N-1} x(n) e^{-i2\pi kn/N}, \quad k = 0, 1, 2, \cdots, N-1 \tag{2-5}$$

$X(k)$ 的傅里叶逆变换函数如式（2-6）所示：

$$x(n) = \frac{1}{N} \sum_{n=0}^{N-1} X(k) e^{-i2\pi kn/N}, \quad n = 0, 1, 2, \cdots, N-1 \tag{2-6}$$

式中的虚数单位均为 $i = \sqrt{-1}$。

信号分析中，频率与能量的关系用频谱表示，功率谱密度函数（power spectral density，PSD）为单位频带内的信号功率。其中自功率谱通过对测量信号作自相关卷积，可去掉信号中随机干扰噪声，保留并突出周期性信号。针对一个无法描述频谱特性的离散信号，根据Wiener-Khintchine定理，可通过其自相关函数的离散傅里叶变换得到表示信号功率谱分布的明确函数，直观展示随机信号中各个频率成分的含量，实现对子序列周期性的检验与计算。

自相关函数通常用来描述随机信号在不同时刻之间的相关程度，是信号和信号的时延的乘积之和，信号 $x(n)$ 的自相关函数如式（2-7）所示：

$$R_x, x(\theta) = \int_{-\infty}^{+\infty} x(n)x(n+t)\mathrm{d}x \qquad (2\text{-}7)$$

对自相关函数 $x(\theta)$ 进行离散傅里叶变换,可得到对应的功率谱密度函数,如式(2-8)所示。

$$P(\theta) = \lim_{N \to \infty} \frac{\left|\sum_{n=0}^{N-1} x(n)\mathrm{e}^{-\mathrm{i}2\pi kn/N}\right|^2}{N} \qquad (2\text{-}8)$$

离散傅里叶变换和逆变换的时间复杂度极高,庞大的计算量导致计算效率低下。1965 年,J. W. Cooley 和 J.W.Tukey 提出快速傅里叶变换算法(fast Fourier transform,FFT),可利用计算机对离散频谱进行分析计算[89]。使用 FFT,可实现对各子序列周期性的高效计算。

根据各子序列周期性检验结果,将具有明显周期性的子序列分离,将剩余子序列重构为由输入特征影响的序列,如式(2-9)所示。

$$\mathrm{IMF}^\alpha = \Sigma \mathrm{IMF}_j + \mathrm{RES} \qquad (2\text{-}9)$$

得到一个多因素影响序列 IMF^α 与若干个周期性波动序列 IMF_i^β,如图 2-4 所示。

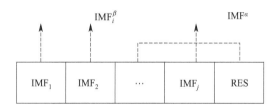

图 2-4 子序列重构示意图

2.2 预测特征构建

2.2.1 基于子序列分析的外部影响因素特征向量构建

在由多因素影响的回归预测中,外部影响因素特征向量可体现影响因素对当期被预测数据的影响。为有效对重构后的多因素影响序列进行预测，本书分别使用方差贡献率、Pearson 相关系数和 Kendall 相关系数三种方法，在不同视角分析 EMD 分解后的各子序列与原序列间的相关性，在子序列分析结果的基础上选取外部影响，构建外部影响因素特征向量 w。

方差贡献率常被用来描述各个子序列对原序列波动的贡献率，以表征不同子序列对原始序列形成的影响程度[90]。方差贡献率越大，意味着该子序列包含原序列中的信息占比越高。方差贡献率的计算如式（2-10）、式（2-11）所示：

$$\lambda_{\mathrm{IMF}_j} = \frac{\sigma^2_{\mathrm{IMF}_j}}{\sigma^2_{\mathrm{sig}}} \qquad (2\text{-}10)$$

$$\sigma^2 = \frac{1}{n-1}\sum_{t=1}^{n}(x_t - \overline{\mu})^2 \qquad (2\text{-}11)$$

式中，λ_{IMF_j} 表示第 j 个 IMF 子序列的方差贡献率；$\sigma^2_{\mathrm{IMF}_j}$ 表示第 j 个 IMF 子序列的方差；σ^2_{sig} 表示原序列方差；n 表示序列中数据点的个数；x_t 表示序列中第 t 个数据点的值；$\overline{\mu}$ 表示序列的平均值。

Pearson 相关系数适用于正态分布的定距变量间的相关性检验，使用元数据进行计算，用来衡量线性相关程度的大小。其值介于 –1 和 1 之间，其绝对值越大，相关性则越强[91]。Pearson 相关系数的计算如式（2-12）所示：

$$\rho = \frac{\sum_{i=1}^{n}x_i y_i - \dfrac{\sum_{i=1}^{n}x_i \sum_{i=1}^{n}y_i}{n}}{\sqrt{\sum_{i=1}^{n}x_i - \dfrac{(\sum_{i=1}^{n}x_i)^2}{n}}\sqrt{\sum_{i=1}^{n}y_i - \dfrac{(\sum_{i=1}^{n}y_i)^2}{n}}} \qquad (2\text{-}12)$$

式中，x_i 是自变量；y_i 是因变量。

Pearson 相关系数只对线性关系敏感。在单调关系中，一对变量不一定以相同的速率移动，并且各序列中数据无法保证符合正态分布，即便两个变量具有一一对应单调关系，Pearson 相关系数也可能会接近 0。因此，使用适用于单调关系与不明分布的 Kendall 相关系数进行各子序列与原序列间的相关性计算，综合分析序列间相关性。基于秩计算的 Kendall 相关系数是一个无参数假设检验，使用原始数据的排序位置代替原始数据进行求解，检验两个随机变量的统计依赖性。Kendall 系数 τ 的取值范围在 –1 到 1 之间，当 τ 为 1 时，表示两个随机变量拥有一致的等级相关性；当 τ 为 –1 时，表示两个随机变量拥有完全相反的等级相关性；当 τ 为 0 时，表示两个随机变量是相互独立的。

本书选用适用于表格形式的序列间的 Kendall 相关系数计算方式，即：序列 x，序列 y，它们的数值点数均为 N，两个序列中的第 i 个数值点分别用 x_i、y_i 表示。x 与 y 中的对应元素组成一个元素对集合 xy，其包含的元素为 (x_i, y_i)。当集合中任意两个元素 (x_i, y_i) 与 (x_j, y_j) 中，第 i 个数据点同时大于或小于第 j 个数据点时，这两个元素就被认为是一致的。反之，则认为这两个元素不一致。用 C 表示集合中拥有一致性的元素对数；用 D 表示集合中拥有不一致性的元素对数；用 M 表示序列的个数，则序列间 Kendall 相关系数的计算如式（2-13）所示。

$$\tau = \frac{C-D}{\frac{1}{2}N^2 \frac{M-1}{M}} \quad (2\text{-}13)$$

2.2.2 基于滑动窗口法的内部自相关特征向量构建

在时间序列预测中，通常使用自相关特征向量来描述时间序列中历史数据与当期数据之间的关系。滑动窗口法是一种根据时间序列中历史被预测数据与当期被预测数据的自相关性质构造自相关特征向量的方法。对于时间序列 S_1，S_2，S_3，…，S_i，固定滑动窗口的大小为 L，不断滑动窗口获得平滑的数据,获得自相关特征向量 $x=s_{t-L}, \cdots, s_{t-3}, s_{t-2}, s_{t-1}$。在多步预测中,通常使用上一步的预测结果替代未知的自相关变量 s_i。滑动窗口法构建内部自相关输入特征向量具体过程如图2-5所示。

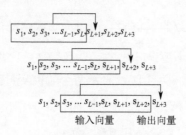

图 2-5 滑动窗口法

综合内部自相关特征向量 x 与外部影响因素特征向量 w,可得到特征输入向量矩阵 X,输出向量矩阵 Y,如式(2-14)所示。

$$X = \begin{bmatrix} s_1 & s_2 & s_3 & \cdots & s_L & w_{L+1} \\ s_2 & s_3 & s_4 & \cdots & s_{L+1} & w_{L+2} \\ & & & \vdots & & \\ s_{t-L} & s_{t-L+1} & s_{t-L+2} & \cdots & s_{t-1} & w_t \end{bmatrix}, \quad Y = \begin{bmatrix} s_{L+1} \\ s_{L+2} \\ \vdots \\ s_t \end{bmatrix} \quad (2\text{-}14)$$

2.3　GSCV-SVR-Prophet 组合预测模型构建

2.3.1　数据标准化

未处理过的原始数据中不同的特征往往具有不同的量纲和量纲单位,直接输入模型不能很好地同时反映样本中每个特征的重要程度,会对预测的结果造成一定影响。为了屏蔽样本数据的量纲影响,使数据之间的距离计算更加合理,需要进行数据标准化,将其转化为纯数值,便于后续处理。

针对数值型数据，通常采用对原始数据进行线性变换的归一化数据标准化方法，如最大最小标准化（min-max normalization）和均值方差标准化（Z-score normalization）等。最大最小标准化方法可以完全消除变异量纲和变异范围的影响，确保数据在同一量纲下进行比较。因此，本书选择最大最小标准化对收集到的数值型数据进行处理，将序列数据分别映射到 [0，1] 范围，如式（2-15）所示。

$$\hat{x} = \frac{x - x_{\min}}{x_{\max} - x_{\min}} \qquad (2\text{-}15)$$

式中，$\hat{x}$ 表示归一化后的数据值；$x_{\max}$ 表示序列中最小值；$x_{\min}$ 表示序列中最大值；x 表示当前值。

分类型数据的数值之间没有大小，各数值间等距，常用的数值型标准化方法可能会改变分类型数据数值间的距离。因此，本书使用 One-Hot 编码对分类型数据进行标准化。One-Hot 编码是一种将分类型特征数据表示为二进制的向量的方法，可以将所有的样本数据映射到同一尺度。将这些二进制向量作为模型训练的特征，可有效提高模型预测精度。以具有 n 个特征分类的分类型特征数据为例，其 One-Hot 编码如图 2-6 所示。

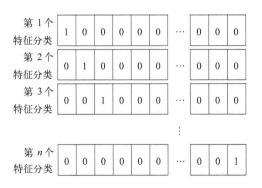

图 2-6　分类型特征数据 One-Hot 编码

2.3.2 基于改进的网格搜索与交叉验证的支持向量回归

(1) 支持向量回归

随着人工智能的发展,基于机器学习的智能预测方法成为近年来的研究重点,如人工神经网络(artificial neural network,ANN)和支持向量机(support vector machine,SVM)。人工神经网络模型的预测效果依赖于数据量的大小,然而农机装备产品需求量的预测更依赖于新信息,可用的历史数据较少,人工神经网络很难取得良好的样本外表现。SVM是按监督学习方式对数据进行二元分类的广义线性分类器,支持向量回归(support vector regression,SVR)是SVM对回归问题的一种运用,可有效解决回归预测中小样本、非线性等问题,能够克服神经网络模型中局部极小值的问题,且在高维模式识别中表现出一定优势,是SVM的重要应用分支。基于序列分析结果和滑动窗口法构建输入特征向量后,SVR模型不仅能识别自身的过去或滞后值之间内在关系,也可以定量分析各外部影响因素对预测量的影响,对结构复杂、信息不明确的系统尤为适用。

SVR在考虑模型的复杂性和错误率的情况下,使用一个取值为ε的给定余量逼近最佳值,样本给定余量在ε范围中,则认为没有误差,损失为0,具备一定鲁棒性。设样本集为(x_i, y_i) $i=1, 2, 3, \cdots, n$,SVR通过非线性映射将回归数据映射到高维空间,在高维空间构建回归函数,如式(2-16)所示。

$$f(x) = \omega \times \varphi(x) + b \tag{2-16}$$

式中,ω为权向量;b为偏置量;φ为核函数。ω和b可以通过求解最优分类面函数的最小化获取,如式(2-17)所示。

$$\min[\frac{1}{2}\|\omega\|^2 + C\sum_{i=1}^{m}\xi_i + \xi_i^*]$$
$$\text{s.t.} \begin{cases} f(x_i) - y_i \leqslant \varepsilon + \xi_i \\ y_i - f(x_i) \leqslant \varepsilon + \xi_i \end{cases} \tag{2-17}$$

式中，C 为惩罚系数；ξ_i 和 ξ_i^* 为松弛变量；ε 为取值为任意正数的偏差。

使用拉格朗日乘子法计算得到权向量 ω，如式（2-18）所示。

$$\omega = \sum_{i=1}^{m}(a_i^* - a_i)\varphi(x_i) \quad (2\text{-}18)$$

式中，a_i 和 a_i^* 为拉格朗日对偶问题的解。

由于输入特征与目标值间呈现高度的非线性关系，本书选择径向基核函数（radial basis function，RBF）进行回归数据的高维映射，如式（2-19）所示。

$$K(X, X') = \exp(-g\|X - X'\|^2) \quad (2\text{-}19)$$

式中，$K(X, X')$ 为满足 Mercer 条件的核函数；g 为核函数参数。

计算得到 SVR 模型如式（2-20）所示。

$$f(x) = \sum_{i=1}^{m}(a_i^* - a_i)K(X, X') + b \quad (2\text{-}20)$$

（2）改进的网格搜索与交叉验证法

在 SVR 预测模型的具体应用中，惩罚系数 C 和核函数参数 g 的选取对模型预测性能具有关键性的影响。在机器学习领域中，各类启发式算法因其强大的优化性能被广泛应用于模型的参数优化，但是，这些启发式算法均是从随机的可行初始解出发，采用迭代改进的策略，去逼近问题的最优解，而不是系统地、以确定的步骤去寻求答案，无法保证收敛到最优点，影响预测的准确性。

网格搜索与交叉验证法（grid search-cross validation，GSCV）以均方误差最小化为目标，通过设置参数范围和搜索步长，遍历每个可能的参数组合，避免了局部最优解的存在，有效提高了参数优选的准确性，减少了预测误差，并且在参数较少的情况下，不存在计算时间过长的问题，被广泛应用于支持向量机的参数优化中。

K 折交叉验证法将训练数据等分为 K 个子集，选择任一子集作为测试集,其他子集作为训练集进行交叉验证,重复 K 次,找到均方误差最小的参数组合,并将得到的最优参数输入到 SVR 模型中,如图 2-7 所示。

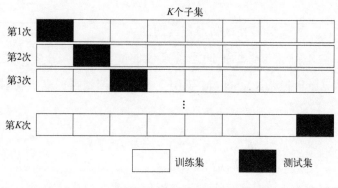

图 2-7 K 折交叉验证

网格搜索法采用穷举搜索的方式,在指定的参数范围内按步长依次对参数组合进行搜索。本书提出一种改进的网格搜索法,同时对滑动窗口的滑动步长进行搜索,通过不断收缩网格大小和搜索步长以达到更高精度的同时有效提高了搜索效率,改进的网格搜索与交叉验证法具体步骤如下。

步骤 1 设定滑动窗口滑动步长 L 取值范围 $[0, N]$,设定该方向上的搜索步长固定为 1;设定 SVR 参数 C 和 g 的方向上的设定初始搜索步长为 M,取值范围 $[2^{-M}, 2^M]$,获得一个粗网格,该网格空间中的节点即为给定范围内所有可能得到的参数组合。

步骤 2 对所有参数组合使用交叉验证法进行评价,找到均方误差最小的参数组合 (C_i, g_i, L_i)。

步骤 3 选取 (C_i, g_i, L_i) 参数组合相邻节点间的网格空间作为新的参数组合选择范围,设定 C_i, g_i 方向上搜索步长为上次搜索步长的 $\frac{1}{2}$,再次进行交叉验证,找到均方误差最小的新参数组合 (C_i, g_i, L_i)。

步骤 4 重复步骤 3 直至达到最大迭代次数，储存均方误差最小的结果参数组合（C_i, g_i, L_i）至 SVR 模型。

输入训练样本对模型进行训练，可以得到基于改进的网格搜索与交叉验证的支持向量回归（GSCV-SVR）预测模型。

2.3.3 Prophet 时间序列预测模型

在数学分析中，任何周期性函数都可以用正弦函数和余弦函数构成的无穷级数表示，假设存在一个周期函数 $f(x)$，则其无穷级数表达式如式（2-21）所示。

$$f(x) = C + \sum_{k=1}^{n} A_k \cos(k\omega \cdot t + \phi_k) \quad C \in R, \ k = 1, \ 2 \cdots \tag{2-21}$$

对式（2-21）使用三角函数恒等变换进行简化展开，消除相位信息，得到正弦函数和余弦函数构成的无穷级数表达式如式（2-22）所示。

$$f(x) = C + \sum_{k=1}^{n} [a_k \cos(k\omega \cdot t) - b_k \cos(k\omega \cdot t)] \quad C \in R, \ k = 1, \ 2 \cdots \tag{2-22}$$

式中，C 表示一个直流分量；a_k 和 b_k 为在频率 $k\omega$ 的余弦谐波分量的幅度大小。整个函数由不同 k 值频率下的信号构成。

2017 年 Facebook 公司的 Taylor 等在信号分析方法的基础上提出了大规模时间序列回归预测模型——Prophet。Prophet 不仅可以处理时间序列存在一些异常值的情况，也可以处理部分缺失值的情形。Prophet 可以识别出时间序列的趋势项、季节项、节假日项和噪声部分，并分别采用不同的函数构建模型并预测，如式（2-23）所示。

$$f(t) = g(t) + s(t) + h(t) + \varepsilon_t \tag{2-23}$$

Prophet 对具有强烈周期性特征的历史数据拟合效果很好，算法使用傅里叶级数模拟时间序列的周期性变换进行季节项的建模，如式（2-24）所示。

$$s(t) = \sum_{n=-N}^{N} c_n \mathrm{e}^{\frac{\mathrm{i}2\pi nt}{P}} \qquad (2\text{-}24)$$

式中，c_n 为待估计的系数，满足 $c_n \sim N(0, \sigma_c^2)$；$P$ 表示时间序列的周期；参数 N 为对周期性进行拟合所用的近似项数量。

将历史数据输入 Prophet 模型进行训练，设置预测步长进行预测，即可得到预测结果。

综上所述，可得到基于 GSCV-SVR-Prophet 的组合预测模型，预测的具体步骤如下。

步骤 1 序列分解。使用 EMD 对标准化后的被预测变量数据进行经验模态分解，得到若干 IMF 子序列和一个 RES 子序列。

步骤 2 子序列分析与特征构建。使用信号频谱分析法检验子序列周期性，计算各子序列与原序列间的方差贡献率、相关系数，找出影响预测的外部影响因素特征向量 w；基于滑动窗口法构建内部自相关特征向量 x，构建模型特征输入矩阵。

步骤 3 子序列重构。基于子序列分析结果，将具有明显周期性的子序列归为周期性波动序列，将其他序列相加重构为多因素影响序列。

步骤 4 组合模型训练。将特征输入矩阵和多因素影响序列作为训练集输入 GSCV-SVR 模型，得到最优参数组合下的多因素影响序列预测模型；将周期性波动序列作为训练集输入 Prophet 模型进训练，得到周期性波动序列预测模型。

步骤 5 组合模型预测。设置预测步长，将待预测数据特征向量输入 GSCV-SVR-Prophet 组合预测模型，即可得到最终预测结果。

具体预测流程如图 2-8 所示。

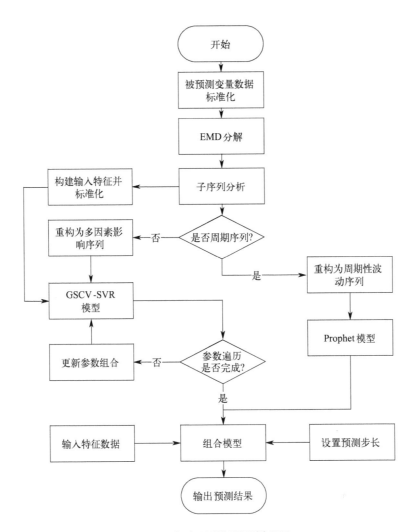

图 2-8 组合预测模型预测流程图

2.4 实例验证

2.4.1 农机装备历史需求序列分解

目前,我国的拖拉机市场已经进入了存量时代,以更新需求为主，相比于小型拖拉机，大型拖拉机造价较高，生产难度较大，市场需求更为平稳。因此，选择农机装备企业供应链中整机装配商 Y 公司 LX1604 型号大型拖拉机产品族的 2021 年需求量为研究对象进行预测。

按照农业生产对季度的习惯性划分，以月度计划为基准，获得 2017～2021 年 60 个月的主要销售地经销商历史月度需求数据，如图 2-9 所示。

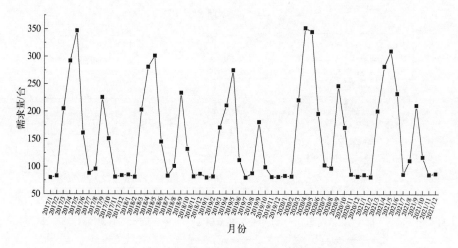

图 2-9　LX1604 型号大型拖拉机产品族的历史月度需求

将数据标准化为 60 个标量数据时间序列 Signal，使用 EMD 法对 Signal 进行分解，得到 4 个 IMF 和 1 个 RES 分量，如图 2-10 所示。

2.4.2　影响因素选取与子序列重构

对分解得到的各子序列使用快速傅里叶变换进行离散信号频谱分析，绘制以单个采样点为测量单位的功率谱图，如图 2-11 所示。

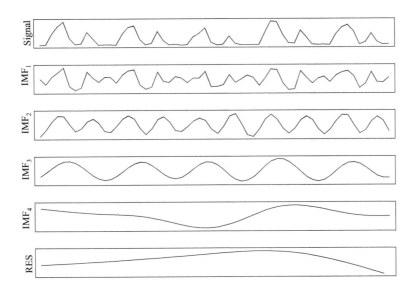

图 2-10 历史需求序列 EMD 分解结果

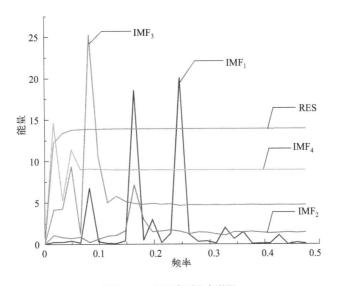

图 2-11 各子序列功率谱图

为更直观地观察并计算各子序列的周期，以每周期的采样点数为测量单位，以周期函数形式绘制幂图，如图 2-12 所示。

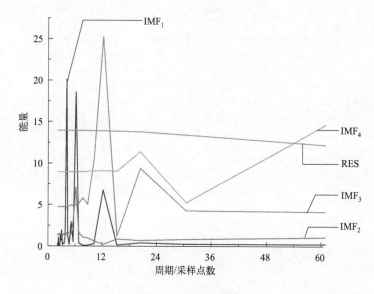

图 2-12　周期函数幂图

根据图 2-10～图 2-12，可得到序列周期性检验结果如下。

① IMF_1 突出的频率较多，呈现出不规则的随机波动，无显著周期性。

② IMF_2 有一个突出频率，呈现较规则的正弦式波动，波动周期为 6.33。

③ IMF_3 有一个突出频率，呈现较规则的正弦式波动，波动周期为 12.67。

④ IMF_4 振动频率低，无显著周期性。

⑤ RES 为单调序列，无显著周期性。

进行各子序列与原序列间方差贡献率与相关系数的计算，汇总各子序列分析结果，如表 2-1 所示。

表 2-1　子序列分析汇总

序列	方差	方差贡献率	Pearson 相关系数	Kendall 相关系数	周期
IMF_1	0.037	0.383	0.750	0.399	
IMF_2	0.008	0.086	0.694	0.506	6.33
IMF_3	0.0292	0.306	0.560	0.437	12.67
IMF_4	0.001	0.014	0.197	0.138	
RES	0.2×10^{-5}	0.2×10^{-4}	−0.016	−0.002	

结合表 2-1 中数据、周期性检验结果与实地调研，得到序列分析结果如下。

① IMF_1 具有最高的频率，反映了在外部经济环境影响下该型号大型拖拉机短期市场的不均衡；IMF_1 的方差贡献率与 Pearson 相关系数均排名第一，说明 IMF_1 中包含原序列中不同尺度的信息较多。

② IMF_2 与 IMF_3 呈现较规则的正弦式波动，分别在春、秋两季出现两个波峰，反映了由实际农业生产活动影响下的峰谷需求；IMF_2 与 IMF_3 的 Kendall 系数分别排名第一、第二，说明周期性是原序列中最重要的特征。

③ IMF_4 的上下振动与农机装备市场的重大事件有关：2017 年至 2019 年间，由于农机补贴政策的变动影响了消费者的购机意愿，该型号大型拖拉机的年度总需求量逐年下跌；2020 年受到产品更新周期和疫情下暂时性的人口流动限制影响，农机装备市场需求出现大幅的增长，带动了该型号大型拖拉机需求的增长[92]；2021 年，市场需求回归正常水平，进入常态化的下跌通道。其方差贡献率、Pearson 相关系数与 Kendall 相关系数不高，对预测结果影响有限，但仍是原序列的关键组成部分。

④ RES 序列变化速率慢、变化幅度小，与原序列相关度小。

在子序列分析结果的基础上，综合考虑数据可得性，选取如表 2-2 所示的预测变量作为模型的外部影响因素。考虑市场影响的滞后性，将部分预测变量前提一期作为当期输入。其中，第一产业人员从业数量、农村居民可支配收入指数、农作物播种面积采用线性插值法充填为月度数据，小麦价格、玉米价格和柴油价格取月初和月末的平均值。

表 2-2 预测变量汇总表

变量名称	类别	输入
月份	分类型	当期
主要销售地农机补贴额	数值型	当期
小麦价格	数值型	前提一期
玉米价格	数值型	前提一期
柴油价格	数值型	前提一期
第一产业人员从业数量	数值型	前提一期
农村居民可支配收入指数	数值型	前提一期
农作物播种面积	数值型	前提一期

根据上述分析结果，将各子序列重构分别重构为随实际农业生产活动变化的周期性波动序列与随外部经济环境变化的多因素影响序列，子序列重构结果如表 2-3 所示。

表 2-3 子序列重构

序列类型	序列重构
多因素影响序列	$IMF^{\alpha}=IMF_1+IMF_4+RES$
周期性波动序列	$IMF_1^{\beta}=IMF_2$
	$IMF_2^{\beta}=IMF_3$

2.4.3 GSCV-SVR-Prophet 组合预测模型应用

对收集到的数值型预测变量数据进行最大最小标准化，标准化后的各数值型预测变量如图 2-13 所示。

对收集到的分类型预测变量数据进行 One-Hot 编码，月份的 One-Hot 编码如表 2-4 所示。

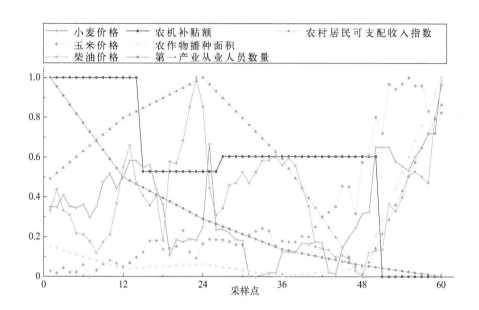

图 2-13　标准化后各数值型变量时间序列

表 2-4　各月份 One-Hot 编码表

月份	One-Hot 编码											
1月	1	0	0	0	0	0	0	0	0	0	0	0
2月	0	1	0	0	0	0	0	0	0	0	0	0
3月	0	0	1	0	0	0	0	0	0	0	0	0
4月	0	0	0	1	0	0	0	0	0	0	0	0
5月	0	0	0	0	1	0	0	0	0	0	0	0
6月	0	0	0	0	0	1	0	0	0	0	0	0
7月	0	0	0	0	0	0	1	0	0	0	0	0
8月	0	0	0	0	0	0	0	1	0	0	0	0
9月	0	0	0	0	0	0	0	0	1	0	0	0
10月	0	0	0	0	0	0	0	0	0	1	0	0
11月	0	0	0	0	0	0	0	0	0	0	1	0
12月	0	0	0	0	0	0	0	0	0	0	0	1

取 IMF^a 与标准化后变量时间序列的第 1 至第 48 数据点，使用滑动窗口法构建如式（2-14）的 GSCV-SVR 预测模型训练集。设置滑动窗口步长 L 最大值 $N=12$，初始搜索步长 $M=10$，折数 $K=4$。训练得到参数 $L=3$、$C=177.9755859375$、$g=0.0009765625$ 的最优 GCSV-SVR 预测模型，拟合效果如图 2-14 所示。

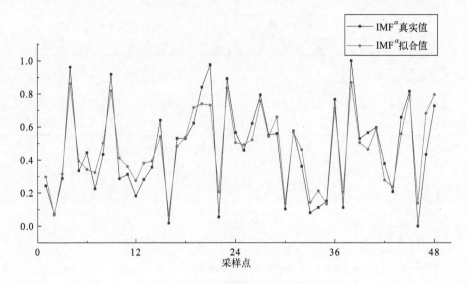

图 2-14 多因素影响序列拟合效果

取 IMF_1^β、IMF_2^β 的第 1 至第 48 数据点构建 Prophet 预测模型训练集。训练得到 Prophet 预测模型拟合效果如图 2-15 所示。

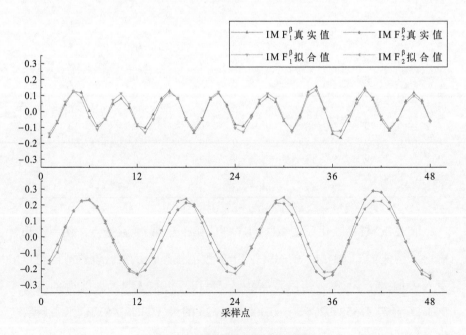

图 2-15 周期性波动序列拟合效果

取 IMF^{α}、IMF_1^{β}、IMF_2^{β} 与标准化后变量时间序列第 49 至第 60 数据点进行预测模型验证。设置预测步长为12，得到模型预测效果如图2-16，表 2-5 所示。

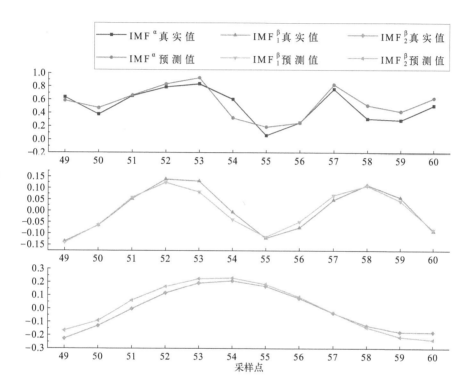

图 2-16　模型预测效果

表 2-5　预测结果与对比

采样点	预测值	真实值
49	100.154	85
50	91.532	81
51	220.217	201
52	291.451	282
53	306.168	310
54	230.021	233
55	91.566	86

续表

采样点	预测值	真实值
56	120.513	111
57	216.746	211
58	112.577	117
59	70.967	85
60	72.993	87

为了进一步验证本书提出的基于数据分解集成的需求预测方法的适应性和鲁棒性，将其与其他预测模型进行对比，并使用拟合系数（R-squared）、均方根误差（root mean square error，RMSE）、平均绝对误差（mean absolute error，MAE）三种指标对各模型性能进行评估，分析各预测模型的性能优劣。

(1) R-squared

拟合系数在预测结果评价中通常用来评估模型的拟合程度。拟合系数的有效取值范围为[0，1]，越接近1模型的预测效果越好。拟合系数的计算如式（2-25）所示。

$$R\text{-squared} = 1 - \frac{\sum_{i=1}^{N}(Y_i - Y_i^*)^2}{\sum_{i=1}^{N}(Y_i - \overline{Y})^2} \quad (2\text{-}25)$$

式中，Y_i为第i个样本点的真实值；Y_i^*为第i个样本点的预测值；$\overline{Y}$为真实值序列平均值；N为样本点个数。

(2) RMSE

均方根误差对序列中出现的较大或较小的误差反应敏感，能够较好地反映预测结果或测量的精确度。RMSE的值越小，表示模型预测值与真实值差距越小，模型的性能越好。均方根误差的计算如式（2-26）所示。

$$\mathrm{RMSE} = \sqrt{\frac{1}{N}\sum_{i=1}^{N}\left(Y_i - Y_i^*\right)^2} \qquad (2\text{-}26)$$

式中，Y_i 为第 i 个样本点的真实值；Y_i^* 为第 i 个样本点的预测值；N 为样本点个数。

（3）MAE

平均绝对误差是指预测值与真实值之间的绝对误差的平均值，可有效避免误差相互抵消的问题，能够更加准确地反映预测误差的实际大小。平均绝对误差计算如式（2-27）所示。

$$\mathrm{MAE} = \frac{1}{N}\sum_{i=1}^{N}\left|Y_i - Y_i^*\right| \qquad (2\text{-}27)$$

式中，Y_i 为第 i 个样本点的真实值；Y_i^* 为第 i 个样本点的预测值；N 为样本点个数。

设置 SVR 模型、Prophet 模型、LSTM 模型作为对照组，采用相同的数据预处理和训练样本构建方法依次对历史需求量数据时间序列 Signal 第 49 至第 60 数据点进行预测。各预测模型的预测结果如图 2-17 所示。

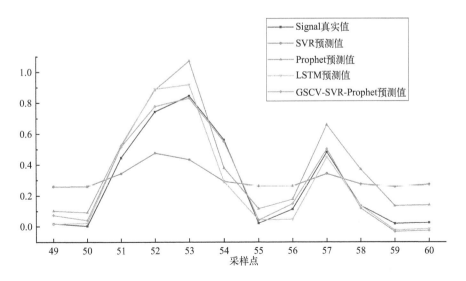

图 2-17　各模型预测结果对比

按照上述三种性能评价指标计算预测模型的性能优劣，各模型预测结果的评价如表 2-6 所示。

表 2-6　各模型预测结果评价

预测模型	R-squared	RMSE	MAE
SVR	−10.339	0.239	0.225
Prophet	0.873	0.111	0.097
LSTM	0.874	0.117	0.084
GSCV-SVR-Prophet	0.932	0.080	0.054

由表 2-6 易知，本书提出的 GSCV-SVR-Prophet 模型继承了 Prophet 模型的良好的周期性拟合效果，相比未组合前单一的 SVR 模型预测精度提升巨大，相比于常用的 LSTM 人工神经网络预测模型，在拟合系数方面提升了 0.058；在均方根误差方面减少了 0.037；在平均绝对误差方面减少了 0.030。通过上述对比可知，GSCV-SVR-Prophet 模型在三个评价指标中均为最优，在 LX1604 型号大型拖拉机需求预测方面具有更好的预测性能。

2.5　本章小结

本章针对农机装备供应链产品需求量历史数据的复杂特点，提出了一种基于数据分解集成的需求预测方法。通过经验模态分解和信号频谱分析将复杂的被预测变量序列中的周期性波动分离，将原序列重构为周期性波动序列与多因素影响序列，根据各子序列特征构建输入特征，结合时间序列模型与定量回归模型建立了 GSCV-SVR-Prophet 组合预测模型，实例验证表明了该模型的有效性。

第 3 章

峰谷生产下农机装备供应链库存控制方法

3.1 农机装备供应链库存系统现状分析

3.1.1 农机装备供应链库存系统现状

本书所研究的农机装备企业供应链面向订单生产（make to order, MTO），采用传统的分散库存管理模式，整机装配商与零部件制造商各自拥有存放物料的仓库，独立进行库存管理。该供应链的结构如图 3-1 所示，经销商获得实际需求，向整机装配商下整机成品的订单，整机装配商定期汇集订单，根据订单生成主生产计划（master production schedule, MPS），结合当前的零部件库存量，通过物料清单（bill of material, BOM）生成物料需求计划（material requirement planning, MRP），并据此制定采购计划向零部件制造商下物料订单。

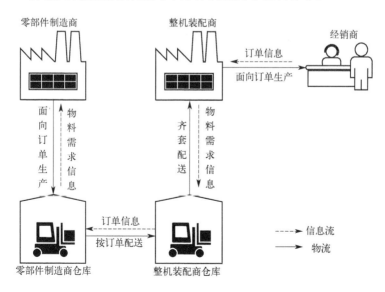

图 3-1 农机装备供应链结构图

通常情况下,供应链中整个价值流动的周期为一个自然月。因此,供应链中各节点企业通常以月度为生产周期进行生产库存系统的库存控制决策。

目前,农机装备供应链中核心企业整机装配商采取对自身最简单有利的库存控制策略进行零部件库存控制,始终贯彻着"库存补充"的传统库存管理理念。为迎合处于强势地位的整机装配商,及时满足整机装配商的生产需要,零部件制造商不得不在接收到实际零部件订单前的 t_0 时刻预测零部件的未来需求,提前制定本生产周期的生产、库存计划并开始生产;t_1 时刻,整机装配商汇集整机成品订单并计算零部件需求量,下零部件订单,零部件制造商根据实际需求调整生产;t_2 时刻,零部件制造商生产完成,交付零部件订单;t_3 时刻,整机装配商开始生产,直至 t_4 时刻完成整机成品订单的交付。该生产库存系统的库存控制决策流程如图 3-2 所示。

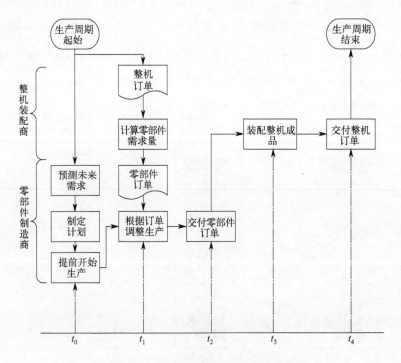

图 3-2 供应链库存系统决策流程现状

3.1.2 农机装备供应链库存系统特征分析

农机装备供应链库存系统的主要特征如下。

（1）需求量呈现峰谷波动，系统动态性较强

农机装备的市场需求季节性变化明显，生产高峰月份与生产低谷月份的产量差别巨大，且供应链中部分零部件生产过程复杂，交付周期长。受产能限制，零部件制造商需要在需求低谷月份提前进行储备性生产，建立"储备库存"以应对峰时需求。"储备库存"的建立如图3-3所示，在一个峰谷周期内，当"储备库存"量 S_1 小于峰时产能不足量 S_2 时，供应链无法及时满足需求；当"储备库存"量 S_1 大于峰时产能不足量 S_2 时，易造成大量库存积压。在季节性需求和生产能力的双重限制下，供应链中各节点企业每个生产周期的生产计划、库存计划同时受到未来需求和当前需求的影响，充满了不确定性，库存控制十分被动，对需求预测的准确性有着较高的要求。

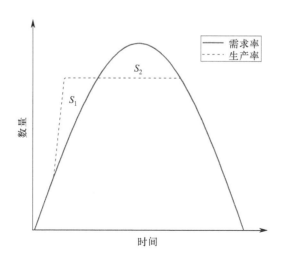

图3-3 峰谷生产下"储备库存"的建立示意图

（2）产品类型多样化，零部件型号众多

为满足不同地域不同环境下的不同作业需求，农机装备供应链的最终产品定制化程度高。整机装配商往往以主机型为基准，衍生不同配置子型号的产品族，形成多样化产品，零部件的型号众多，以LX1604主机型为例，其部分零部件型号明细如表3-1所示。在库存控制中，由于零部件需求受实际作业环境影响，顾客通常要在不同型号的零部件中选择，因此不同型号的零部件消耗占比不同，顾客实际需求的不确定性大大增加了库存控制的复杂度。

表3-1 LX1604主机型部分零部件型号明细表

主机型	零部件种类	零部件型号
LX1604	前桥	D1
		D2
		L1
	配重	HT150-300/Q5
		HT150-300/Q15
		QT400-600/Q5
		QT400-600/H5
		ZG15-45/Q15
		ZG15-45/H5
	轮胎	12.4-26
		14.9-26
		18.4-38
		18.4-34
	动力轴	540/1000
		540/720
		650/720
		720/1000

3.1.3 农机装备供应链库存控制目标

先进的库存管理模式是有效进行库存控制的基础，准确的需求预测

是高水平库存控制的前提条件，使用合适的库存控制模型是库存控制的关键。因此，从库存管理模式、需求预测方法、库存控制模型三个方面对供应链库存控制现状进行总结，以便能够全面地了解农机装备供应链库存控制的问题。

（1）供应链库存管理模式落后

在 MTO 和分散库存管理模式下，必须合理、准确、周密地安排生产和采购才能有效地降低供应链整体库存水平。但目前农机装备供应链信息共享程度低、信息传递效率低，需求信息仅在供应链网络的相邻节点间流动，增加了供应链中各节点企业库存决策的不确定性。由于"牛鞭效应"和市场信息的滞后性偏差，导致农机装备供应链中的需求信息不断地扭曲放大，导致库存积压现象严重，运营费用居高不下，如图 3-4 所示。

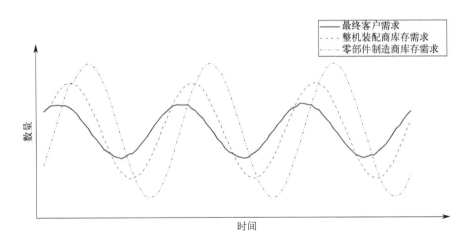

图 3-4　供应链中需求信息的扭曲放大示意图

（2）需求预测不科学

供应链中各节点企业应用的需求预测方法多是基于以往的经验总结，

人为对未来的需求趋势进行定性预测，过于依赖企业经营人员的经验理论以及分析判断能力，效率低且缺乏准确性。农机装备市场是一个复杂系统，市场需求是众多影响因素共同作用下的最终表现形式，对其的预测更依赖于多源数据的融合，现有单一模型的预测方法无法很好地应用于农机装备供应链需求预测中。

（3）库存控制策略简单化

目前，农机装备供应链中的核心企业整机装配商采取对自身最简单有利的库存控制策略进行零部件库存控制。零部件制造商为迎合处于强势地位的整机装配商，不得不对种类繁杂、型号众多的零部件库存进行大量储存以保证及时、快速的满足需求，随着机型的不断扩展，各类零部件的型号总计高达上万种，多种物料的堆积使得库存控制的复杂度呈现指数级增长，整个供应链的库存成本居高不下，如何合理生产、设置这些关键零部件的库存是供应链库存成本控制的关键。

因此，确立农机装备企业供应链库存控制策略的目标如下。

① 改进现有生产库存系统库存决策流程，设计适用于农机装备企业供应链的库存控制策略方案。

② 针对农机装备市场需求的非线性、周期性等复杂特征，建立科学的需求预测方法。

③ 确立供应链生产库存系统的综合成本为优化目标，建立库存控制模型与求解算法。

3.2　农机装备供应链库存管理模式改进

3.2.1　供应链库存管理

供应链库存管理主要分为传统的分散库存管理和现代供应链库存管

理。传统分散库存管理需设置多个仓库，库存周转效率低，占用大量资金，严重影响了供应链运行效率。现代供应链库存管理模式可以统一调度、统一管理、统一进行库存控制，减少了仓库数量和物流环节，在降低库存成本的同时提高了工作效率，为供应链中各企业更方便、高效地生产运作提供了保障条件。传统分散库存管理与现代供应链库存管理的库存流动如图 3-5 所示。

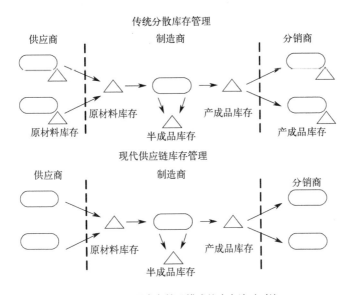

图 3-5　不同库存管理模式的库存流动对比

不同供应链库存管理模式下的库存流动会有变化

现代供应链库存管理方法包括供应商库存管理（vendor managed inventory，VMI）、联合库存管理（jointly managed inventory，JMI）与协同式供应链库存管理（collaboration planning，forecasting and replenishment，CPFR）。VMI 是一种完全由供应商拥有所有库存管理权的库存管理模式，以集成的思想进行供应链相邻节点企业间的库存管理。实质上就是供货方代替使用方管理库存，可大幅减少下游企业的库存水平，但也加大了供应商的库存风险。JMI 是供需双方同时参与、互相协调、共同制定库存计划的库存管理模式。通过建立合理的成本、责任、风险分担机制，将 VMI 中供应商的库存管理责任分担到供应链中的各个节点企业，强调相邻节点企业间的协同性，可有效解决供应链需求变异和放大现象。CPFR 在 JMI 共同预测和补货以消除"牛鞭效应"的基础上，抛弃了 VMI 和 JMI 缺乏供应链集成的缺点，进一步推动共同计划的制定，建立基于信息共享和共同业务管理的协同需求预测和补货模式，通过一个初始节点需求预测结果覆盖整个供应链合作过程，制定统一的管理目标以及实施方案，能及时应对市场变化带来的需求高峰和波动[93]。各模式的优劣，如表 3-2 所示。

表 3-2 库存管理模式对比

库存管理模式	库存风险	库存控制	需求预测	合作意识	库存水平
分散库存管理	各自单独承担	各自单独制定	各自单独预测	无	高
VMI	供应商承担	供应商制定	独立预测	不强	一般
JMI	共同承担	共同制定	共同预测	一般	低
CPFR	共同承担	共同制定	初始节点预测	强	最低

3.2.2 基于 CPFR 的供应链库存管理模式

供应链信息作为供应链库存控制的重要资源，贯穿了从原材料到成品制成的整个制造周期。基于信息共享技术建设的 CPFR 供应链库存管理模式，可以实现高效的信息传递，降低供应链中库存控制决策的不确定性，有效削弱"牛鞭效应"带来的负面影响。

将基于 CPFR 的供应链库存管理模式应用于农机装备供应链中，进行供应链信息化建设。将供应链中订单管理系统（order management system，OMS）、仓储管理系统（warehouse management system，WMS）、供应商管理系统（supplier relationship management，SRM）、企业资源管理系统（enterprise resource planning，ERP）与制造执行系统（manufacturing execution system，MES）系统等信息化管理系统进行集成、整合，建立大型供应链管理平台（supply chain management，SCM）。SCM 平台中，各类数据、信息可通过信息通道实时地传输至供应链中各节点企业，整机装配商和零部件制造商可通过实时共享的信息及时调整库存计划，并根据实际需求信息更新数据。基于信息共享技术建设的 CPFR 供应链库存管理模式下，零部件制造商通过实时需求信息与未来需求预测结果将产成品按照多批次小批量方式发货至集中管理仓库，集中管理仓库根据整机成品订单信息将物料齐套配送至整机装配商，可实现整机成品订单的及时交付，有效提高供应链信息共享程度与信息传递效率。

改进后基于 CPFR 供应链库存管理模式的农机装备供应链信息与库存流动如图 3-6 所示。

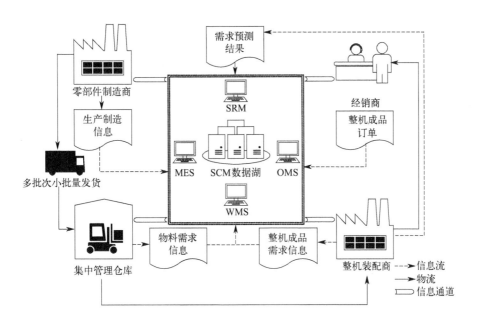

图 3-6　基于 CPFR 的供应链库存管理模式下的供应链信息与库存流动图

3.3 基于需求预测的农机装备供应链库存控制策略构建

3.3.1 基于需求预测的库存控制

在经济全球化新环境下,市场需求受多因素影响充满了不确定性,传统库存控制研究的假设条件很难得到满足,无法快速响应需求的变化。随着对于库存控制问题的不断研究,国内外学者发现,一个科学合理的需求预测方法可以为企业的生产、采购、库存计划的决策提供依据,制定更优的库存补货策略,可以有效降低企业的库存水平,给企业带来更佳的效益[94]。

基于需求预测的库存控制,通常在需求预测的基础上,建立需求预测与库存控制集成模型,实现库存水平优化的目标。一般包括信息输入、决策过程与结果输出三个阶段,如图3-7所示。

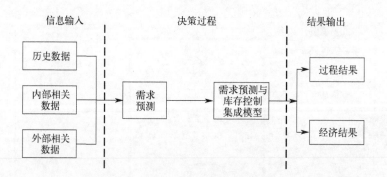

图3-7 基于需求预测的库存控制的三个阶段

3.3.2 供应链库存控制策略建立

结合农机装备供应链生产库存系统的特征,在基于CPFR的供应链库存管理模式基础上，采用基于需求预测的库存控制方法，建立峰谷生产下基于需求预测的供应链库存控制策略。

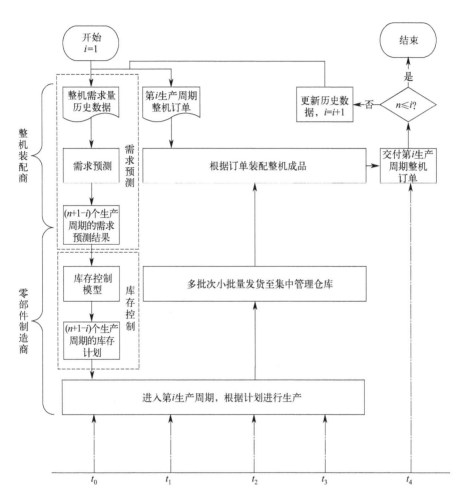

图 3-8　峰谷生产下基于需求预测的供应链库存控制决策流程

一个由 n 个生产周期组成的峰谷周期中基于需求预测的供应链库存控制决策流程如图 3-8 所示。每个生产周期起始 t_0 时刻，整机装配商通过整机需求量历史数据对未来包含若干生产周期的峰谷周期内的整机需求进行预测，得到各个生产周期的整机需求预测结果，零部件制造商将共享的需求预测结果输入库存控制模型,得到最优经济结果下各个生产周期的库存决策,开始本生产周期的零部件生产阶段,产成零部件不断通过小批量多批次发货至集中管理仓库,直至本周期计划完成;t_1 时刻,整机装配商汇集整机的实际订单,根据订单从集中管理仓库调配各项物料,装配整机成品,直至本周期订单完成;t_3 时刻本周期生产阶段结束,t_4 时刻完成整机订单的交付,更新历史需求数据并开始下一生产周期或结束库存控制策略流程。

该库存控制策略相比改进前简化了库存系统内部的订单流程,整机装配商在接收到订单的时刻即可开始生产,保证了订单的及时交付率,提高了供应链中增值时间在整个交付周期的占比,有效缩短了交付周期,根据历史数据的更新,实现不断滚动优化,尽可能减少了不确定性对整个供应链库存控制的影响。

3.4 多周期、多产品库存控制模型构建

3.4.1 问题假设与符号说明

为贴近现实、便于研究,本书主要假设如下:

① 观察周期包括 n 个长度相同的生产周期,设置观察周期的期初库存为 0。

② 零部件的生产速率和消耗速率在生产周期内固定。

③ 各个型号零部件库存独立控制。

④ 各个型号零部件产能共用且有最大产能限制。

本书构建模型所用到的参数和符号如下,其中生产周期编号为 $i=1$,2,…,n;产品编号为 $k=1$, 2, …, m。

I_i^k:第 i 生产周期 k 型号零部件的储备库存需求量,决策变量。

x_i^k：第 i 生产周期 k 型号零部件的计划生产量，决策变量。

q_i^k：第 i 生产周期 k 型号零部件的消耗量，符合历史消耗占比的概率分布。

$f_i^k(X)$：消耗量的概率质量函数，状态变量。

π_i：第 i 生产周期的综合成本，效益变量。

σ_i：从第 i 生产周期到最后一期的最优效益。

D_i：第 i 生产周期的整机成品需求预测结果。

$p(k)$：k 型号零部件的历史消耗占比，即单位整机成品需消耗各型号零部件的个数。

c^k：k 型号零部件每生产周期每单位的仓储费用。

o^k：k 型号零部件缺货时的外购溢价，即单位缺货惩罚。

u：随生产能力变动的费用。

μ：库存能力。

φ：生产能力。

3.4.2 基于报童问题的多产品动态规划阶段效益函数构建

经典报童问题是在需求量 x 符合一定概率分布情况下的单产品单周期的库存问题，即假设报童在每天早上以价格 c 购进报纸，在一天内以高于成本价的价格 p 卖出，若晚上报纸仍有剩余，则需要以低于成本价的价格 v 处理剩余量；若报纸供不应求，则会因为存在流失客户的风险而承担惩罚价 s，求如何设置最优订货量 q 以使得报童获利最大。

报童模型主要解决在需求拉动下使期望利润最大的最优订购量的决策问题，其数学模型表示如下：

当需求量 x 小于订购量 q 时，报童利润如式（3-1）所示：

$$\pi = px - cq + v(q-x) \tag{3-1}$$

当需求量 x 大于订购量 q 时，报童利润如式（3-2）所示：

$$\pi = (p-c)q - s(x-q) \tag{3-2}$$

则报童的期望利润如式（3-3）所示：

$$E[\pi] = (p-v+s)\int_0^q (x-q)f(x)\mathrm{d}x + (p-c+s) - sE[x] \tag{3-3}$$

对于农机装备供应链来说，需要对同种类但不同型号的零部件进行多产品库存控制。由于库存始终处于动态变化之中，通常通过期初库存量、期末库存量、生产率和消耗率计算得出库存水平，故在期初、期末库存为已知量时，可使用每周期的计划生产量 x_i^k 与储备库存需求量 I_i^k 代替对库存控制的决策。因此，本书在经典报童问题的基础上，将报童模型拓展为多产品模型，考虑生产周期内库存的动态变化，建立各费用的表达式与动态规划阶段效益函数。

根据问题假设，定义 $\bar{I}$ 为生产周期的平均库存水平，如式（3-4）所示：

$$\bar{I}_i^k = \frac{I_i^k + I_{i+1}^k}{2} \tag{3-4}$$

当第 i 生产周期 k 型号零部件消耗量 q_i^k 小于或等于第 i 生产周期 k 型号零部件的储备库存需求量与第 i 生产周期 k 型号零部件的计划生产量之和 $x_i^k + I_i^k$ 时，仓储费用 C_i^k 如式（3-5）所示：

$$C_i^k = c^k \bar{I}_i^k = c^k \left(\frac{x_i^k - q_i^k}{2} + I_i^k \right) \tag{3-5}$$

当第 i 生产周期 k 型号零部件消耗量 q_i^k 大于第 i 生产周期 k 型号零部件的储备库存需求量与第 i 生产周期 k 型号零部件的计划生产量之和 $x_i^k + I_i^k$ 时，仓储费用 C_i^k 和缺货惩罚 O_i^k 如式（3-6）、式（3-7）所示：

$$C_i^k = c^k \bar{I}_i^k = c^k \frac{I_i^k}{2} \tag{3-6}$$

$$O_i^k = o^k \left[q_i^k - \left(I_i^k + x_i^k \right) \right] \tag{3-7}$$

每个生产周期存在一个随生产量呈阶段性变化的生产管理费用 U_i，如式（3-8）所示：

$$U_i = u\left(\sum_{k=1}^{m} x_i^k\right) \tag{3-8}$$

可得单个生产周期内各个型号零部件的综合成本 π_i，如式（3-9）所示：

$$\pi_i = \sum_{k=1}^{m}\left(C_i^k + O_i^k\right) + U_i \tag{3-9}$$

设置零部件储备需求库存量 I_i^k 和零部件计划生产量 x_i^k 为决策变量，综合成本 π_i 为效益变量，使用概率质量函数 $f_i^k(X)$ 反映零部件消耗量 q_i^k 的分布情况，构建动态规划中的阶段效益函数。

第 i 生产周期的阶段效益函数如式（3-10）所示：

$$\pi_i\left(x_i^k,\ I_i^k\right) = \sum_{k=1}^{m}\left[C_i^k + O_i^k + U_i\right]$$

$$= \sum_{k=1}^{m}\left[\begin{array}{l} c^k\left[\dfrac{x_i^k - \int_{0}^{x_i^k + I_i^k} X f_i^k(X)\mathrm{d}X}{2} + I_i^k\right] \\[2ex] + c^k \dfrac{I_i^k}{2}\int_{x_i^k + I_i^k}^{\infty} f_i^k(X)\mathrm{d}X \\[2ex] + o^k\left[\int_{x_i^k + I_i^k}^{\infty}\left(X - \left(I_i^k + x_i^k\right)\right)f_i^k(X)\mathrm{d}X\right] \\[2ex] + u\left(\sum_{k=1}^{m} x_i^k\right) \end{array}\right]$$

$$\tag{3-10}$$

3.4.3 动态规划状态转移方程与多周期库存控制模型构建

1951 年美国数学家 Bellman 等根据一类多阶段决策问题的特性，提出了解决该类问题的最优性原理，创建了解决最优化问题的新方法——

动态规划(dynamic programming,DP)。

动态规划的一般模型如式(3-11)所示：

$$\begin{cases} f_i(x_i) = \min/\max\{d_i(x_i,u_i) + f_{i+1}(x_{i+1})\} \\ f_{n+1}(x_{n+1}) = 0, \ i=1,\ 2,\ \cdots,\ n \end{cases} \quad (3\text{-}11)$$

式中，x_i 为第 i 子阶段的状态变量；u_i 为第 i 子阶段状态 x_i 时的决策变量；$d_i(x_i,\ u_i)$ 为第 i 子阶段状态 x_i 和阶段决策 u_i 的阶段效益函数；$f_i(x_i)$ 为从状态 x_i 出发到全部阶段结束的最优效益。

农机装备供应链受到需求峰谷波动的影响，需要在多周期需求预测结果的基础上考虑未来需求的影响，对当前生产周期进行合理安排。动态规划法将多阶段决策问题按其发展过程的先后顺序分成若干阶段来求解决策，可有效解决变动需求情况下的多生产周期批量生产问题。使用动态规划法构建多生产周期库存决策模型，设置第 $n+1$ 周期各个型号零部件的储备库存需求量为 0，得到动态规划方程，如式(3-12)所示：

$$\begin{cases} \sigma_i\left(f_i^k(X)\right) = \min\left[\pi_i\left(x_i^k, I_i^k\right) + \sigma_{i+1}\left(f_{i+1}^k(X)\right)\right] \\ I_{n+1} = 0, \ i=1,\ 2,\ \cdots,\ n \end{cases} \quad (3\text{-}12)$$

在实际生产中，每个生产周期的储备库存需求量需要使用之前的生产周期中多余的生产量补充，即第 i 生产周期 k 型号零部件的消耗量 q_i^k 的分布同时受到第 i 生产周期整机成品需求预测量 D_i 和第 $i+1$ 生产周期 k 型号零部件的储备库存需求量 I_{i+1}^k 的影响。因此，设置消耗量 q_i^k 的分布 $f_i^k(X)$ 为状态变量，得到动态规划状态转移方程如式(3-13)所示：

$$f_i^k\{X,\ D_i\ \ I_{i+1}^k\} = \left[\frac{D_i!}{\left[(X-I_{i+1}^k)!\left[D_i-(X-I_{i+1}^k)\right]!\right]} p(k)^{(X-I_{i+1}^k)}(1-p(k))^{[D_i-(X-I_{i+1}^k)]}\right] \quad (3\text{-}13)$$

综上所述，结合报童问题与动态规划模型，建立具有多项约束的多周期、多产品的库存控制模型。模型数学表达式如式(3-14)

所示：

$$\begin{cases} \sigma_i\left(f_i^k(X)\right) = \min \sum_{k=1}^{m} \begin{pmatrix} c^k \left[\dfrac{x_i^k - \int_0^{x_i^k+I_i^k} X f_i^k(X)\mathrm{d}X}{2} + I_i^k \right] \\ +c^k \dfrac{I_i^k}{2} \int_{x_i^k+I_i^k}^{\infty} f_i^k(X)\mathrm{d}X \\ +o^k \left[\int_{x_i^k+I_i^k}^{\infty} \left(X-\left(I_i^k+x_i^k\right)\right) f_i^k(X)\mathrm{d}X \right] \\ \\ +u\left(\sum_{k=1}^{m} x_i^k\right) \\ +\sigma_{i+1}\left(f_{i+1}^k(X)\right) \end{pmatrix} \\ I_{n+1}^k = 0;\ i=1,2,\cdots,n;\ k=1,2,\cdots,m \end{cases}$$

$$\text{s.t.} \begin{cases} \sum_{k=1}^{m} p(k) = 1, 0 \leqslant p(k) \leqslant 1 & \forall k \\ \underline{\varphi} \leqslant \sum_{k=1}^{m} x_i^k \leqslant \overline{\varphi} & \forall i \\ 0 \leqslant \sum_{k=1}^{m} I_i^k \leqslant \overline{\mu} & \forall i \end{cases}$$

(3-14)

式中，约束1表示各个型号零部件的历史消耗占比取值为[0，1]，且求和等于1；约束2表示零部件制造商存在分别为 $\overline{\varphi}$、$\underline{\varphi}$ 的产能最大、最小限制；约束3表示集中管理仓库存在最大库存能力 $\overline{\mu}$。

该模型的优化目标，即在满足上述约束下，求得各个生产周期内各个型号零部件的最优计划生产量和储备库存需求量，使得观察周期内各生产周期综合成本之和最小。

3.5 多周期、多产品库存控制模型的智能优化决策

3.5.1 基于离散鲸算法的阶段效益函数求解

经典报童模型的求解首先需要对期望效益方程两边关于需求量 q 求一阶和二阶导数，如式（3-15）和式（3-16）所示：

$$\frac{\mathrm{d}E[\pi]}{\mathrm{d}q} = -(p-v+s)\int_0^q f(x)\mathrm{d}x + (p-c+s) \quad (3\text{-}15)$$

$$\frac{\mathrm{d}^2 E[\pi]}{\mathrm{d}^2 q} = -(p-v+s)f(q) \quad (3\text{-}16)$$

易得 $\frac{\mathrm{d}^2 E[\pi]}{\mathrm{d}^2 q} \leqslant 0$，即 $E[\pi]$ 是关于 q 的凹函数。令 $\frac{\mathrm{d}E[\pi]}{\mathrm{d}q} = 0$，可得到 $F(q^*)$，如式（3-17）所示：

$$F(q^*) = \frac{p-c+s}{p-v+s} \quad (3\text{-}17)$$

由于 $0 < F(q^*) < 1$，所以解 q^* 为经典报童问题的最优解。

本模型中基于报童问题的多产品动态规划阶段效益函数为单目标多元函数，具有多约束、高离散和多变量等特点，无法使用上述方法求解，且常规优化算法可能需要在指数或阶乘的时间复杂度内解决，难以达到快速求解的效果。目前学界通常使用启发式优化算法对此类问题进行求解，本书采用鲸优化算法（whale optimization algorithm，WOA）的改进算法——适用于离散寻优问题的离散鲸优化算法（divergence whale optimization algorithm，DWOA）对动态规划模型中的阶段效益函数进行求解[95]。

鲸是一种群居的哺乳动物，在捕猎时它们会相互合作对猎物进行驱赶和围捕，它们使用一种特殊的气泡捕食法捕食猎物。鲸算法根据鲸围捕猎物的行为提出，鲸群捕猎的过程由包围猎物、气泡攻击和搜索猎物三个阶段组成，具体如下。

(1) 包围猎物阶段

鲸算法假设当前最优备选解为猎物，在确定猎物位置后，群体中其余个体向最优位置个体方向游动。数学表达式如式（3-18）~式（3-21）所示：

$$D = |CX^*(t) - X(t)| \tag{3-18}$$

$$X(t+1) = X^*(t) - AD \tag{3-19}$$

$$A = 2ar - a \tag{3-20}$$

$$C = 2r \tag{3-21}$$

式中，t 为迭代次数；A、C 为系数向量；X^* 为猎物的位置向量；X 为其余鲸的位置向量；a 为迭代过程中的系数（在迭代过程中由 2 线性减小到 0）；r 为 [0，1] 间的随机向量。在计算过程中可以通过调节向量 A、C 的值来调节 X 在最优解周围的位置。

(2) 气泡攻击阶段

对鲸的气泡攻击行为进行数学建模，收缩包围机制由向量 A 实现，数学表达式如式（3-22）所示：

$$a = 2\frac{t_{\max} - t}{t_{\max}} \tag{3-22}$$

模拟螺旋更新机制数学表达式如式（3-23）所示：

$$X(t+1) = De^{bl}\cos(2\pi l) + X^*(t) \tag{3-23}$$

式中，D 表示鲸个体与猎物之间的距离；b 为常数，定义了对数螺旋的形状；l 是 [-1，1] 之间的随机数。

(3) 搜索猎物阶段

种群中的鲸将会向随机方向游动，根据彼此的位置进行全局的随机搜索，从而避免陷入局部最优。数学表达式如式（3-24）所示：

$$X(t+1) = X_{\text{rand}}(t) - AD \tag{3-24}$$

鲸算法通过参数 p 判断算法是否进入气泡攻击阶段，之后根据系数

向量 A 的绝对值判断进入包围猎物阶段或搜索猎物阶段。

鲸算法在兼顾全局搜索的同时强化了局部搜索能力,在单目标优化问题上表现出了优秀性能,设置参数较少,流程较简单,收敛速度快,便于工程应用。在多周期、多产品库存控制模型的应用中,离散鲸优化算法可在导入各已知量和初始参数的基础上,求得任意生产周期阶段效益函数中各型号零部件的计划生产量和储备库存需求量的解 $\{I_i^k, x_i^k\}$, $k=1, 2, \cdots, m$。

基于离散鲸算法的求解流程如图 3-9 所示,具体如下。

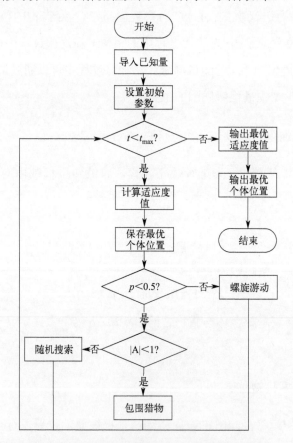

图 3-9 基于离散鲸算法的阶段效益函数求解流程

步骤 1 导入已知量,包括当期整机需求预测量 D_i,各型号零部件

的历史消耗占比 $p(k)$，各型号零部件每生产周期每单位的仓储费用 c^k，各型号零部件缺货时的外购溢价 o^k，随生产能力变动的费用 u；

步骤 2　设置算法初始参数，包括种群大小 HP，迭代次数 IP，螺旋参数 SP；

步骤 3　若当前迭代次数小于算法终止条件，进行下一步骤；否则输出当前最优适应度值与个体位置，结束流程；

步骤 4　计算当前解每只鲸的适应度值，并进行比较，确定当前适应度值最优的鲸个体；

步骤 5　通过参数 p 确定每只鲸个体是否进入气泡攻击阶段，根据系数向量 A 的绝对值确定每只鲸个体的位置更新方式；

步骤 6　转至步骤 3，进入算法主循环。

3.5.2　基于 DP-DWOA 的库存控制模型组合求解

由于第 $n+1$ 生产周期的储备库存需求量设置为 0，采用动态规划由后往前的递推关系，基于 DWOA 算法逐步计算各阶段效益函数，建立 DP-DWOA 组合求解算法，求得每周期各型号的最优计划生产量、储备库存需求量与对应的最优综合成本。该算法求解具有 n 个周期、m 个产品型号的库存控制模型的流程如图 3-10 所示。

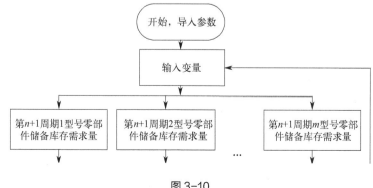

图 3-10

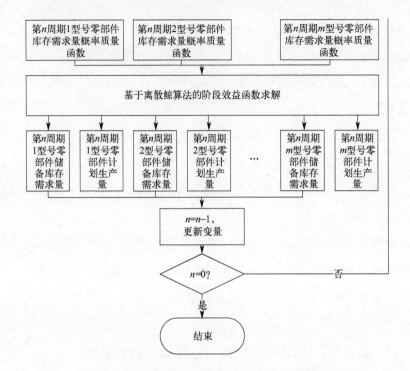

图 3-10　基于 DP-DWOA 的多周期、多产品库存控制模型求解流程

3.6　实例验证

3.6.1　数据收集

零部件生产商 C 公司承担 LX1604 大型拖拉机 D_1、D_2 和 L_1 型号前桥铸锻件的生产,各型号产能共用,有最大生产能力 360 件/月,需求峰时月份产能不足现象时有发生。每生产周期存在一个包括人力、设备维护管理等费用的生产管理费用,随实际产能呈阶段性变动,如式(3-25)所示:

$$u = \begin{cases} 2000, & 0 \leq \sum_{i=1}^{m} x_i^k \leq 120 \\ 4000, & 120 < \sum_{i=1}^{m} x_i^k \leq 240 \\ 6000, & 240 < \sum_{i=1}^{m} x_i^k \leq 360 \end{cases} \quad (3\text{-}25)$$

收集 D_1、D_2 和 L_1 型号前桥零部件的历史消耗占比、单位仓储费用与单位外购溢价数据作为研究数据，如表 3-3 所示。

表 3-3 LX1604 主机型下的前桥零部件相关参数表

型号	历史消耗占比	仓储费用/元/件	外购溢价/元/件
D_1	55%	35	120
D_2	33%	50	120
L_1	12%	35	200

3.6.2 库存控制模型与求解算法应用与评价

使用 Python 语言对 DP-DWOA 算法进行编程，伪代码如图 3-11 所示。

设置 DP-DWOA 算法初始参数，种群大小 HP=5000，迭代次数 IP=100，螺旋参数 SP=0.5，生产周期数 n=12。设置动态规划状态转移方程［式（3-13）］与多周期、多产品库存控制模型［式（3-14）］为目标方程。将 GSCV-SVR-Prophet 组合预测模型预测得到的各生产周期的需求预测结果向上取整，输入并运行代码，即可得到各个生产周期的最优库存决策结果和最优经济结果。

为了验证本书提出的 DP-DWOA 智能求解算法的有效性和鲁棒性，采用上述参数设置，将算法运行 5 次，对最优综合成本的库存控制决策进行寻优求解，得到 2021 年度 12 个生产周期的最优库存控制决策与最优经济结果，如表 3-4 所示。

```
算法1：DP-DWOA求解算法.
input：
种群规模HP；迭代次数IP；螺旋参数SP；状态参数P；需求预测结果D；生产周期数n；
output：
最优决策变量X*；最优经济结果π
main program：
for (n;n>0;n--) #从最后一个生产周期遍历
    int Function (P_n, D_n, X_n*) = min π_n; int search space #定义目标方程与搜索空间
    Initialize the search agent populationX #初始化种群中个体位置
    Calculate the fitness of each search agent ; X*= the best search agent  #找出最优个体位置  X*
    while （t＜IP）  #迭代中止条件
        for each search agent
        Update a , A, C, land p #更新参数
        if1 （p＜0.5）
            if2 （|A|＜1）
                Update the position of the current search agent #    收缩包围更新个体位置
            else if2 （|A|≥1）
                Select a random search agent
                Update the position of the current search agent #    随机搜索更新个体位置
            end if2 （|A|≥1）
        else if1 （p≥0.5）
            Update the position of the current search agent #    螺旋更新个体位置
        end if1
        end for
        Update X* if there is a better solution  #更新最优个体位置   X*
    end while
    returnX*, π #输出最优决策变量，最优经济结果
    Update P_{n-1} by X*;Update D_{n-1};t=t+1#更新迭代次数，更新下一循环中的输入
return 0
```

图 3-11　DP-DWOA 算法伪代码

表 3-4　多周期库存决策

生产周期	预测结果/台	最优生产量/件				储备库存需求量/件				综合成本/元
		D_1	D_2	L_1	总	D_1	D_2	L_1	总	
1	101	64	40	16	120	1	0	0	1	2650.038
2	92	69	36	15	120	2	0	0	2	2643.167
3	221	123	84	33	240	13	0	0	13	5206.304
4	292	208	109	43	360	2	0	0	2	7183.714

续表

生产周期	预测结果/台	最优生产量/件				储备库存需求量/件				综合成本/元
		D_1	D_2	L_1	总	D_1	D_2	L_1	总	
5	307	200	115	45	360	34	0	0	34	7768.734
6	231	113	87	40	240	49	0	0	49	5949.787
7	92	65	36	19	120	22	0	7	29	3332.064
8	121	66	47	7	120	29	0	12	41	3448.106
9	217	125	82	33	240	20	0	0	20	5312.038
10	113	58	44	18	120	13	0	0	13	2906.171
11	71	47	30	13	90	0	0	0	0	2488.012
12	73	48	31	13	92	0	0	0	0	2496.731

理想情况下，各型号零部件的各生产周期需求量数据符合以平均历史需求量为均值，以历史需求平均偏差为标准差的正态分布。因此，可根据各型号零部件的历史消耗占比计算得出本观察周期内各型号零部件各生产周期的供应链内部平均库存服务水平，如表 3-5 所示。

表 3-5 各生产周期库存服务水平

生产周期	历史需求平均值/件			历史需求平均偏差/件			库存决策量/件			平均库存服务水平
	D_1	D_2	L_1	D_1	D_2	L_1	D_1	D_2	L_1	
1	45.430	27.258	9.912	1.144	0.686	0.250	65	40	16	100.000%
2	44.990	26.994	9.816	0.352	0.211	0.077	71	36	15	100.000%
3	110.110	66.066	24.024	6.424	3.854	1.402	136	84	33	99.999%
4	155.980	93.588	34.032	16.896	10.138	3.686	210	109	43	97.586%
5	173.580	104.148	37.872	13.376	8.026	2.918	234	115	45	96.818%
6	93.170	55.902	20.328	19.844	11.906	4.330	162	87	40	99.841%
7	48.400	29.040	10.560	3.300	1.980	0.720	87	36	19	99.993%
8	54.230	32.538	11.832	3.256	1.954	0.710	66	47	26	99.995%
9	120.890	72.534	26.376	10.472	6.283	2.285	145	82	33	97.384%

续表

生产周期	历史需求平均值/件			历史需求平均偏差/件			库存决策量/件			平均库存服务水平
	D_1	D_2	L_1	D_1	D_2	L_1	D_1	D_2	L_1	
10	73.700	44.220	16.080	11.880	7.128	2.592	71	44	18	55.612%
11	45.650	27.390	9.960	1.100	0.660	0.240	47	30	13	96.337%
12	46.310	27.786	10.104	1.232	0.739	0.269	48	31	13	97.164%

可以观察到，除第 10 生产周期供应链内部库存服务水平为 55.612%，其余周期的服务水平均在 95% 以上。以第 10 生产周期为例，DWOA 算法综合权衡生产管理费用、仓储费用和外购费用，把产能限制在 120，设定储备库存量为 13，将可能出现的零部件不足采用外购的方式补充，承担相应的期望外购费用，达到了综合成本最优。通过计算可得出该观察周期内的平均服务水平为 95.061%，即按照该库存决策表，在达到供应链生产库存系统综合成本最优的前提下，供应链内部库存满足整机装配商生产需求的预期概率达到 95.061%。从实际应用角度解决了农机装备供应链多周期、多产品的库存控制问题，验证了提出的库存控制策略的有效性。

DP-DWOA 算法在 5 次寻优求解中的迭代收敛曲线如图 3-12 所示。

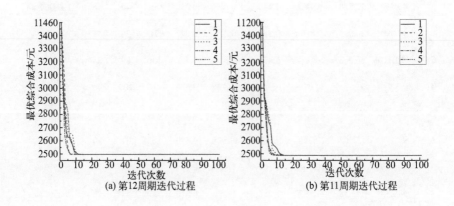

(a) 第12周期迭代过程　　(b) 第11周期迭代过程

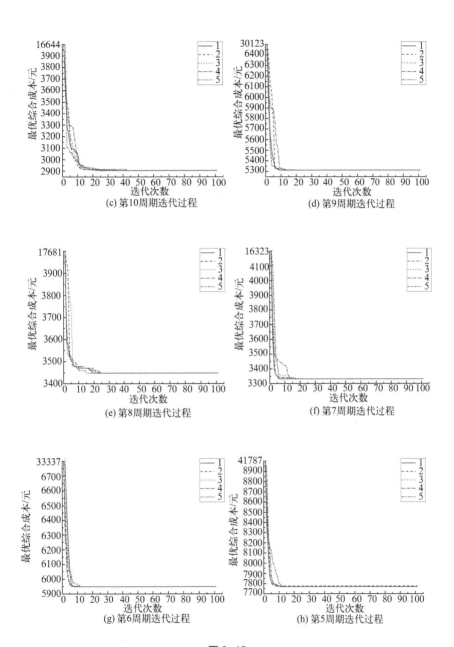

图 3-12

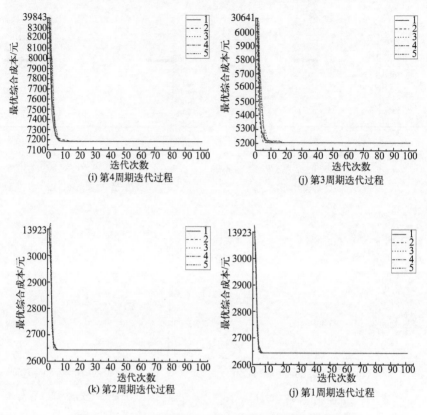

图 3-12 DWOA 求解各生产周期阶段效益函数的迭代过程

从图 3-12 中可以看出，在上文中算法参数设定的情况下，DP-DWOA 存在如下优点：在各个生产周期的实际应用中收敛曲线趋势较为平稳，均能收敛至最优综合成本，求解稳定性较强；不同生产周期的阶段效益函数求解的复杂程度不同，各生产周期一般可在 10～20 次迭代求得最优值，求解效率较高。

3.7 本章小结

本章在分析农机装备供应链库存特征和现状的基础上，提出了适用于农机装备企业供应链生产库存系统特点的基于需求预测的供应链库存控制策略。在经典单周期报童模型的基础上增设了储备库存需求量为决策变量，设置库存消耗量的概率密度函数为状态变量，将传统动态规划中转移状态方程中"量的转移"转化为"分布的转移"，将经典报童问题拓展至多周期、多产品，构建了动态规划中的阶段效益函数，基于动态规划经典模型构建了适用于农机装备企业供应链生产库存系统的多周期、多产品库存控制模型，提出了 DP-DWOA 的组合求解算法，为供应链进行多周期、多产品的库存控制智能决策提供参考依据。

第 4 章

网络协同制造模式下农机装备供应链物料配送方法

4.1 网络协同制造模式下农机装备供应链物料配送策略设计

4.1.1 网络协同制造技术及应用分析

为了适应生产制造过程日益复杂以及生产制造环境多样性，制造企业生产制造过程逐步向信息化和智能化方向发展，而生产制造过程中产生的多源制造信息，包括生产信息、供应链物流配送信息、库存信息、采购信息等，缺少有效的采集、集成和处理方法，使得多源制造信息在获取、处理时存在信息不协同、信息滞后、易出错等问题，从而导致上层管理系统难以及时准确掌握生产现场情况，更难以及时根据生产状况进行物料配送管理和优化。

网络协同制造是充分利用 Internet 技术为特征的网络技术、信息技术实现供应链内企业产品设计、制造、供应链管理和商务等的合作，达到资源最大利用目的的一种现代制造模式[96]。支撑和保障网络协同制造的关键技术有：

（1）资源获取和集成技术

能够自动搜索网络上的共享信息资源，动态地抽取数据，存储到专门的数据库中，提供数据浏览、查询、处理和输出功能，利用数据库提供的资源信息进行共享。同时，将分布式、异构的企业资源进行集成，形成逻辑上能够统一管理的共享资源，实现虚拟企业之间及企业内部不同部门间的资源共享。

(2)信息传输技术

为信息的有效、安全传输提供保障，保证信息在 Internet 上各类专业应用系统之间的正常流动以及信息传输过程中的速度、质量安全指标等达到要求。

(3)物流信息技术

实现物流信息的实时采集、处理和传输，使得企业能够及时掌握物流过程中的各种信息，提高物流信息传输的准确性和效率。

(4)工作流管理技术

采用工作流技术实现企业间以及企业内部的业务流程的协调和控制，对企业之间以及企业内部的数据交换和跨企业业务进行管理。将不同的活动通过一个流程组织在一起，使它们在受控状态下运行，提高企业的运作效率。

(5)信息安全技术

避免信息和信息系统遭到未经授权的泄露、修改、破坏或失去处理信息的能力，确保信息的机密性、完整性、可用性和可控性。

将以上网络协同制造关键技术应用到供应链管理中，可以实现物流配送中物流和信息流的自动获取、集成、共享、处理，为实现物流活动信息共享与协同提供的技术支持。

4.1.2 网络协同制造模式下农机装备供应链物料配送策略

网络协同制造模式下的供应链物料配送是指供应链上各合作企业之间，利用网络协同制造系统以及以 Internet 技术为特征的网络技术和信息技术，使供应链生产、采购、仓储、配送等过程中的多源信息流和物流通过获取、集成、处理、协同应用达到物料配送全程协同，及时响应。需要企业间建立战略合作伙伴关系，对协同工作过程提供支持。提高物流信息集成、共享支撑技术完备程度以及建立信息共享合作与激励机制、标准化信息管理机制等，通过集成、共享和处理供应链信息资源，实现生产制造过程与供应链物流配送中制造资源与信息资源自动感知获取、多源集成、智能处理、信息共享与优化控制，为实现生产制造活动中供需协同与配送协同等生产活动提供了技术基础。

4.1.2.1 网络协同制造模式下的供应链管理系统特征

网络协同制造模式下供应链管理系统的作用是促进企业间供应链活动由无序向有序的发展，以便能够适应市场的需求。相对于传统供应链管理模式而言，网络协同制造模式下供应链管理不等同于供应链过程中的运输管理、库存管理、搬运管理、包装管理等单项供应链职能管理的简单相加，它包含了跨企业的供应链计划、协调和控制等供应链决策过程。注重供应链信息的共享与协同，强调多方协作，实现企业的协同发展。网络协同制造模式下供应链管理系统具有以下特点。

（1）开放性

网络协同制造模式下供应链管理系统是一个动态的系统，在系统运行过程中，会不断有新的资源和应用系统加入或退出。这种异构系统和资源的动态集成要求组成系统的各部分具有良好的开放性。

（2）协同性

网络协同制造模式下供应链管理系统中各企业或客户形成供应链协同联盟，依赖协同管理的规则和企业共赢的目标而实现整体有序，它以包含合作和竞争的协同约束协调企业间的供需过程，由合作竞争推动整个供应链协同联盟的有序和开放。

（3）整体性

网络协同制造模式下供应链管理系统是一个整体合作、协同一致的系统，考虑企业内外部相关的供应链联系，把整个供应链活动看成是一个整体；系统中的制造企业、供应商、客户和供应链企业等相关企业为了一个共同的供应链任务，协同运作，紧密配合。每个供应链成员企业都要与整个供应链的动作一致，服从于全局。

（4）准时性和快速性

网络协同制造模式下供应链管理系统对客户需求反应迅速。当客户提出需求时，系统能够对客户的需求进行快速识别、分类，并制订出与客户要求相适应的供应链方案。系统的准时性和快速性主要表现在系统流通环节的准时性，物品在流动中的各个环节，包括交货、运输、中转、分拣配送等都按计划完成，以保证系统前后衔接合理，整体优化方案得以实现。

（5）动态适应性

在网络协同制造模式供应链管理系统的支撑下，实现系统中各个企业间供应链信息的实时传递和共享，在此基础上进行供应链的协同预测、协同计划，因此能积极响应动态多变的市场需求。此外，在信息系统的支持下能对供应链运作过程进行实时监控，对供应链运作过程中的突发事件或不确定因素，做出及时的调整，从而具有较强的应对市场变化的动态适应能力。

4.1.2.2　网络协同制造模式下农机装备供应链管理系统架构

在农机装备生产车间，生产过程可描述为对零部件进行装配，使其从物料转换为产品的一系列过程，主要涉及人员、机器设备、物料以及其他辅助生产工具等生产要素，以及装配、管理、监控等多项活动。针对车间物料管理、生产调度、物流优化等应用目标,网络协同制造供应链管理系统可以描述为以供应链各模块数据的"获取—集成—处理—协同应用—显示"为主线的系统架构。

为满足网络协同制造供应链管理的需求,系统架构设计包括基础层、集成层、应用层和用户层,以确保信息的高效流通、协同决策和系统的可扩展性。以下是系统的五个关键层次,如图4-1所示。

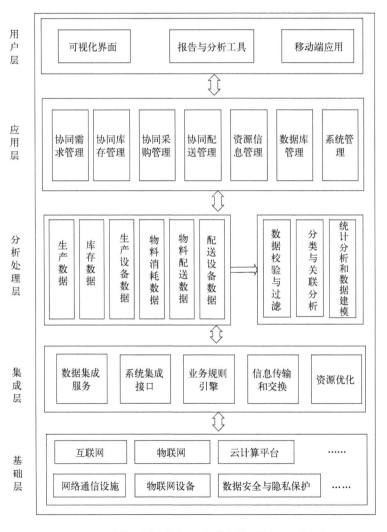

图4-1 网络协同制造模式下农机装备供应链管理系统架构

(1) 基础层 (infrastructure layer)

在生产车间，人员、机器设备、物料以及其他辅助生产工具等生产要素以及生产制造过程中产生的生产信息、物流信息、库存信息、采购信息等物流和信息流，是生产过程中优化物料配送的基础。在车间内部安装传感器和 RFID 设备，以实时监测和追踪物料状态，为物料配送提供准确的实时数据，包括生产线各工位生产状态，设备工具运行状态，物料的种类、数量以及位置，物料实时消耗数据，车间内物料配送信息，仓库物料出入库信息等数据。在供应商配送过程中提供物料配送的执行情况及位置信息。利用云计算平台通过云服务存储和传输来自物联网设备的数据，以支持物料配送的实时决策和规划。利用网络通信设施建立高效的网络基础设施，确保车间内各个区域和供应链外部的通信畅通，能够稳定传输、不失真。利用数据安全与隐私保护确保通过物联网设备和云计算平台传输的物料数据受到适当的加密和权限控制，以保障数据的安全性和隐私。

(2) 集成层 (integration layer)

通过数据集成服务将来自物联网设备的信息流整合，形成一致的数据集，供上层应用使用。确保内外部物料信息在系统中的一致性。通过系统集成接口提供统一的接口和协议，使得内部和外部的物料配送系统可以无缝集成。有助于各个系统之间的信息交流和任务协同。业务流程定义注册中心，定义和注册物料配送的业务流程，确保流程的协同和优化。通过信息传输和交换任务建模管理内外部物料信息的传输和交换。进行资源优化，通过优化资源的分配和利用，实现系统的高效运行。

(3) 分析处理层 (analysis processing layer)

由于供应链运行复杂多变，多品种小批量混流生产方式、生产计划变动以及小批量多频次物料配送方式等特性，导致生产过程中获取的数据不确定性强、总量大、有冗余性以及乱序性。通过数据校验与过滤，对从基础层和集成层获取的数据进行校验和过滤，确保数据的质量和准确性。对集成了来自不同来源和格式的数据，包括物料需求、库存状态、生产计划、运输等信息进行数据标准化和清洗，确保数据的一致性和准确性，为后续的分析和建模提供可靠的基础。利用高级分析技术，如数据挖掘、机器学习等，对集成后的数据进行深度分析，识别出隐藏在数据中的模式、趋势和关联。有助于预测未来的物料需求、消耗和供应链中的潜在风险。对物料配送期量进行优化，以降低成本、提高效率和响应速度。分析处理层利用智能算法和预测模型，为供应链中的各方提供科学决策支持。

（4）应用层（application layer）

在应用层，通过对供应链资源的网络化动态组织和管理，确保内外部物料配送的高效运作。将具有相互依赖关系的分布式供应链资源（包括制造企业、供应商客户等）以及它们之间的供应链业务进行网络化动态组织和管理，从而提升网络协同化制造中制造企业在供应链计划、库存管理、运输管理、配送管理和供应链监控等供应链活动中的信息交互和业务协同能力，以及应对市场变化的动态适应能力。进行协同需求管理，在应用层实现协同需求管理，确保内外部物料配送的需求得到协同和满足。考虑内外部物料的不同需求和优先级。进行供应链协同联盟管理，管理内外部物料的协同联盟，促进制造商和供应商之间的协作，以提高配送效率。进行协同库存管理，在应用层优化内部和外部的库存管理，确保库存的合理分配和使用，减少不必要的过剩和缺货。进行协同配送管理，管理内外部物料的配送，实现高效的物流流程，包括配送期量确定、实时监控等。进行资源信息管理，在应用层管理和优化内外部物料的信息，确保信息能够高效流通,帮助实现配送的实时协调。进行系统管理,在应用层进行整个内外部物料配送系统的运行和维护,包括系统的监控、报警和维护。

(5)用户层(user layer)

将分析处理后的数据用于车间生产管理与生产过程控制优化,实现车间生产制造过程物流和信息流的管理。建立可视化界面,提供直观的可视化界面,使车间内部和供应链外部的用户能够轻松了解内外部物料配送的实时状态和各种数据。提供报告与分析工具,支持用户进行内外部物料配送的数据分析,生成报告,以便更好地制定决策和优化配送流程。提供移动端应用,使用户可以随时随地监控和管理内外部物料的配送过程,增强操作的灵活性。

4.1.2.3 基于网络协同制造模式的农机装备内外部供应链物料配送策略

制造商和供应商利用网络协同制造模式下供应链管理系统,可实时掌握供应链中的需求信息、库存信息、产品信息、生产计划信息、配送信息等,根据这些信息及时调整自己的库存、采购、配送和生产计划,做出自身的最优反应,有效降低配送和库存成本,提升供应链整体效益。基于网络协同制造供应链管理策略主要包括外部供应链物料配送策略和内部供应链物料配送策略。通过建立网络协同制造模式下供应链管理系统的农机装备供应链物料配送策略,进行外部供应链配送和内部供应链配送管理。

(1)农机装备外部供应链物料配送策略

外部供应链物料配送是以制造商采购为基础,通过信息感知、集成、共享和处理,供应商和制造商之间实现配送的协同,如图4-2所示。主要包括三部分:一是确定物料需求,建立需求预测模型,决策最佳采购数量,为采购和配送提供准确的信息输入;二是配送模型和智能算法,决策最佳配送期量、配送频次,确定配送计划;三是采购与配送过程协同管理,通过物流信息的共享与协同,实现采购与配送过程的控制与管理。

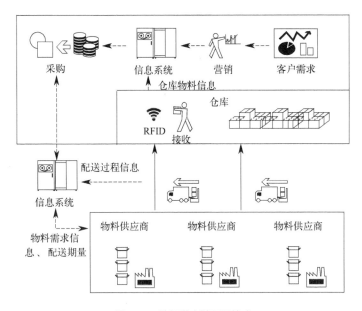

图 4-2　外部供应链配送策略

需求预测模型的构建是整个策略的基础,制造商根据市场趋势、历史销售数据预测未来一段时间内农机装备的需求。将农机装备需求转化为物料需求计划(MRP),与仓库管理系统(WMS)的库存信息进行对比,确定物料采购种类和数量,输出物料采购计划,为物料配送提供准确的信息输入。通过网络协同制造供应链管理系统,制造商与供应商之间实现实时信息共享,制造商将采购订单上传至系统便于供应商实时查看并进行采购订单跟踪,避免人工操作的失误和延迟。供应商依据采购订单获得制造商的物料需求,包括所需物料的种类、数量、配送时间和地点等信息,进行生产备货,并通过物料配送模型及智能算法进行分析处理，形成供应商物料配送期量，确定供应商最佳配送批量和配送频次。在进行物料配送时，制造商和供应商可以通过供应链管理系统实时监控物料的配送状态，包括物料的当前位置、预计到达时间、配送进度等信息。供应商将物料送至制造商仓库，在物料入库过程中，使用条形码或RFID技术进行物料识别和数量确认。

（2）农机装备内部供应链物料配送策略

内部供应链配送策略主要包括两部分：一是建立配送模型和智能算法，决策最佳配送批量、配送频次，确定线边配送计划；二是线边配送过程协同管理，通过物流信息的共享与协同，实现配送过程的控制与管理。通过网络协同制造供应链管理系统，对各部门集成的信息系统，如物料需求计划（MRP）、仓库管理系统（WMS）和运输管理系统（TMS）进行信息实时共享和协同管理。实现企业内部供应链生产计划、物料需求、库存状态、配送进度等环节的信息共享和协同，减少信息孤岛和重复劳动。依据每个时间段的生产计划，结合产品的物料清单，生成详细的物料需求计划，确定所需物料的种类、数量以及需求的时间。基于物料需求计划，制定配送期量，确定生产线边配送的物料种类、时间和数量。在线边，通过信息系统实时感应物料的消耗情况。当物料消耗达到设定标准或到达配送时间时，系统会自动触发配送请求。系统通知配送人员备料，拣选人员按照确定的时间、数量和物料种类使用条形码扫描或RFID技术进行拣选作业，使用物料搬运小车将拣选好的物料按时送达生产线边的存储区域，生产线边感应系统实时自动感应、记录、传输物料信息。确保生产线的连续性。内部供应链配送策略如图4-3所示。

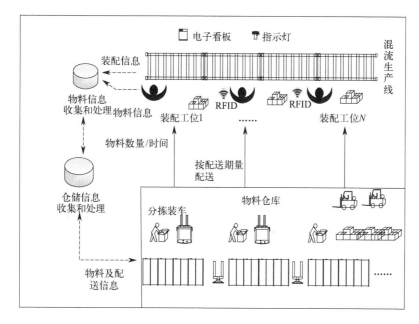

图 4-3　内部供应链配送策略

（3）农机装备内外部供应链物料配送实现流程

内外部供应链物料配送实现流程如图 4-4 所示，主要包括三部分：一是确定物料需求，为内外部供应链配送优化提供输入信息；二是分别建立基于农机装备需求预测的农机生产外部供应链物料采购配送优化模型和基于生产计划的农机生产内部供应链物料配送优化模型，并设计智能算法进行模型求解，决策出最佳配送期量，确定配送计划；三是内外部供应链物料配送过程控制，通过对配送信息的采集、跟踪和共享，实现内外部供应链物料配送过程的监督与控制。

以物料需求预测为基础构建外部供应链物料配送策略，通过需求预测模型、物料配送模型和智能算法的应用，提高供应商物料配送的效率和准确性，降低外部供应链配送总成本，实现物料需求和配送的高效协同。以生产计划为基础构建农机装备内部供应链物料配送策略，通过物料配送模型和智能算法的应用，降低生产线边库存，减少物料配送总成本。达到网络协同制造模式下物料配送及时响应、成本最低、准确配送的目的，为农机装备整机的生产提供了坚实的物料保障。

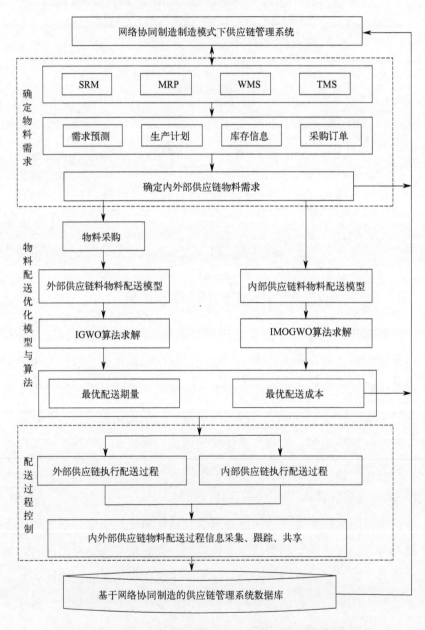

图4-4 网络协同制造模式下农机生产供应链物料配送实现流程

在上文制定的农机生产供应链物料配送策略和实现流程中,构建农机生产内外部供应链物料配送科学决策模型和求解算法,实现与物料需求相适应的供应链配送的科学决策,是网络协同制造模式下供应链物料配送策略实施的关键。

4.2 农机装备外部供应链配送模型构建

生产部门根据农机整机的需求量,将整机生产所需的各种物料进行分解和明细化,得到物料清单。采购部门依据相应的物料清单,明确整机生产所需相关的物料的名称、数量等信息。通过与仓库物料库存进行对比,输出物料采购计划,供应商依据物料采购计划进行备货配送。构建物料配送模型和智能求解算法优化配送过程,减少配送总成本。

4.2.1 问题描述

农机装备产品机型多(设为 q,$q \in Q$)、物料种类多(设为 p,$p \in P$)。物料配送根据物料需求调整。外部供应链物料配送由供应商配送至制造商仓库。

外部供应链物料配送需要准时地响应农机生产的物料需求,避免缺料停线现象发生。因此,供应链物料配送期量是核心。问题决策为 $[N_{qp}, T_{qp}]$ 其中决策变量 N_{qp} 和 T_{qp} 分别为配送期量的配送量、配送间隔期。外部供应链配送问题模型如图 4-5 所示。

在满足物料需求的情况下,得到最佳配送期量,实现供应链配送成本最优化。在配送过程中需满足以下假设:

① 物料配送期间仓库不允许发生缺货。
② 不考虑供应商配送能力,按照配送批量将物料送至制造商仓库。

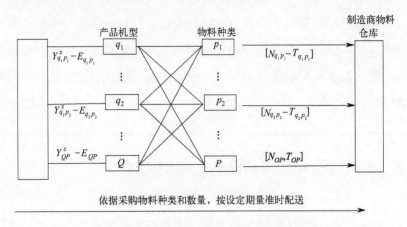

图 4-5 农机装备外部供应链物料配送问题模型

4.2.2 优化目标与约束条件分析

以企业外部供应链物流总成本最小化为优化目标,物流总成本由外部供应商物料配送成本和制造商库存成本构成。同时设置约束条件为:

① 准时化约束 以物料使用时间为约束,设置供应商至仓库的配送达到时间。

② 配送量约束 供应商单次配送批量小于等于制造商仓库存放该供应商配送物料的最大存储量。

③ 配送时间约束 供应商单次配送间隔期大于等于供应商完成一次运输和装卸时间之和。

设置配送决策变量为 $[N_{qp}, T_{qp}]$,其中 N_{qp} 为 q 机型 p 物料的单次配送量,T_{qp} 为 p 物料配送时间间隔。物料配送需要避免缺料停线现象发生。以配送成本 C_{w1} 和库存成本 C_{w2} 构成的供应链配送总成本 F 为优化目标。

4.2.3 参数设置

q：机型种类索引，$q=q_1, q_2, q_3, \cdots, Q$

p：物料种类索引，$p=p_1, p_2, p_3, \cdots, P$

z：预测月份索引，$z=1, 2, 3, \cdots, Z$

E_{qp}：p 物料采购时库存量

e_{qp}：p 物料开始配送时间

L_{qp}：p 物料供应商到制造商仓库距离

s_{qp}：p 物料安全库存

c_0^{qp}：固定配送成本

c_1^{qp}：单位配送成本

c_2^{qp}：单位库存成本

C_{w1}：配送成本

C_{w2}：库存成本

F：总成本

T_{qp}：p 物料配送间隔

t_{qp}：p 物料配送准备时间

v：配送平均速度

V_p：p 物料允许的最大库存

$\bar{x}_{qp}$：配送周期内物料的平均消耗量

N_{qp}：p 物料单次配送量

Y_{qp}^z：q 物料 z 月的物料预测需求量

4.2.4 模型构成

为了解决供应商配送与制造商仓库库存之间的成本效益悖论问题，

寻求最佳配送期量，实现物流总成本最优。外部物流总成本 F 包括供应商配送成本 C_{w1} 和制造商仓库库存成本 C_{w2}。

配送期内供应商配送成本为单次配送成本与配送次数的乘积，供应商的配送总成本 C_{w1} 可表示为：

$$C_{w1} = \sum_{z=1}^{Z}\sum_{q=1}^{Q}\sum_{p=1}^{P} \frac{Y_{qp}^z - E_{qp}}{N_{qp}}(c_0^{qp} + N_{qp}c_1^{qp}) \quad (4-1)$$

制造商仓库库存成本为单位库存成本与配送期间平均库存量的乘积，则 C_{w2} 可表示为：

$$C_{w2} = \sum_{z=1}^{Z}\sum_{q=1}^{Q}\sum_{p=1}^{P} \frac{(Y_{qp}^z - E_{qp})(N_{qp} - s_{qp})T_{qp}}{2N_{qp}} c_2^{qp} \quad (4-2)$$

以外部物流总成本最小为目标函数，建立物料配送模型如下：

$$\min F = \min(C_{w1} + C_{w2}) = \min \begin{cases} \sum_{z=1}^{Z}\sum_{q=1}^{Q}\sum_{p=1}^{P} \frac{Y_{qp}^z - E_{qp}}{N_{qp}}(c_0^{qp} + N_{qp}c_1^{qp}) \\ \sum_{z=1}^{Z}\sum_{q=1}^{Q}\sum_{p=1}^{P} \frac{(Y_{qp}^z - E_{qp})(N_{qp} - s_{qp})T_{qp}}{2N_{qp}} c_2^{qp} \end{cases} \quad (4-3)$$

$$T_{qp} = \frac{N_{qp} - s_{qp}}{\bar{x}_{qp}} \quad (4-4)$$

s.t

$$\bar{x}_{qp}T_{qp} \leqslant N_{qp} \leqslant V_p \quad (4-5)$$

$$\frac{L_{qp}}{v} + t_{qp} \leqslant T_{qp} \leqslant \frac{N_{qp}}{\bar{x}_{qp}} \quad (4-6)$$

$$e_{qp} + \frac{L_{qp}}{v} + t_{qp} \leqslant t_k \quad (4-7)$$

$$t_k + H \leqslant t_{k+1} \quad (4-8)$$

式（4-3）为以配送总成本最小为目标的函数；式（4-4）表示物料配送间隔期；式（4-5）表示配送量约束，每次配送量不超过该物料最大库存量并满足配送间隔生产需要；式（4-6）表示每次配送间隔期大于等于供应商完成一次运输和装卸时间之和并满足生产需要；式（4-7）表示到达时间满足需要时间；式（4-8）表示配送完成再进行下一次配送。

4.3 IGWO 算法设计

4.3.1 GWO 算法

灰狼优化算法（grey wolf optimization，简称 GWO）是模拟灰狼群体的协作捕猎方式设计的一种群智能优化算法，用于解决单目标优化问题[97]。算法具有参数少，收敛速度快等优点。

灰狼优化算法模拟了灰狼群体金字塔状的社会等级以及各阶层灰狼之间信息交流及合作捕猎的机制。灰狼社会等级结构如图 4-6 所示。

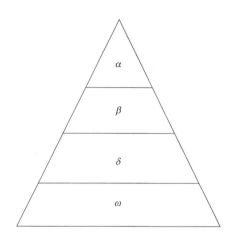

图 4-6　灰狼群体社会等级结构图

第一等级：α 狼，为狼群中的头狼，其主负责各种决策，管理和领导狼群的能力最强，被称为支配狼，它的决定代表整个狼群的决定。

第二等级：β 狼，辅佐并服从 α 狼领导，协助 α 狼作决定。β 狼在 α 狼位置空缺时顺位成为 α 狼。β 狼也拥有支配权，可以支配其他层级的狼。

第三等级：δ 狼，完全服从 β 狼，支配等级更低的狼。在环境变化时，δ 狼会由 α 和 β 会退化形成。

第四等级：ω 狼，需要服从以上任何一个等级的狼。α、β 和 δ 均是从这一层级被选举出来。ω 狼在整个狼群中的作用为维持狼群的组织结构，是灰狼群体中的基础。

灰狼算法最初在一定范围内初始化狼群，每头狼的位置对应一个可能解，在每一轮迭代中，算法会对种群内的每个个体进行评价，选出位于金字塔前三层的领导层个体，α 狼、β 狼、δ 狼阶级每层只设置一只灰狼，其余的作为 ω 狼。在前三个领导层的指挥下，种群内的灰狼个体不断向猎物接近。在算法中，猎物代表着真实的解，最终最为接近猎物的头狼的位置即为算法所寻得的最优解。灰狼算法与其他的仿生算法类似，群体内部存在协同合作的机制，通过群体内部的竞争，每次迭代时，竞选出领导头狼，从而指导整个狼群的协同合作以及下一步前进的方向。

灰狼狩猎的主要步骤如下。

步骤1：包围猎物

$$D=|CX_P(t)-X(t)| \tag{4-9}$$

$$X(t+1)=X_P(t)-AD \tag{4-10}$$

其中，X_P 是猎物位置，X 是灰狼的位置，t 表示当前迭代次数。A 和 C 为随机变量。A 在更新灰狼位置时用于调整位置的变化幅度，影响着灰狼在搜索空间中的探索程度。C 是用来调整灰狼与目标之间的距离。控制着算法中灰狼种群的扩充与缩小。

其中，A 和 C 的计算如下：

$$A=2a \times r_1-a \tag{4-11}$$

$$C=2 \times r_2 \tag{4-12}$$

r_1 和 r_2 是 $[0,1]$ 范围内的随机向量，a 是收敛因子，取值范围为 $[0,2]$。

步骤2：追踪和攻击猎物

群体最优解为 α，次优解为 β，第三优解为 δ，其他解为 ω。ω 灰狼的位置是根据前三个阶级狼的位置进行更新。通过考虑 α、β 和 δ 这三个最好的解的位置，随后引导其他灰狼判断猎物所在位置，更新位置，直至得到最优解。公式如下：

$$D_\alpha=|C_1X_\alpha(t)-X(t)|, D_\beta=|C_2X_\beta(t)-X(t)|, D_\delta=|C_3X_\delta(t)-X(t)| \quad (4\text{-}13)$$

$$X_1(t)=X_\alpha(t)-AD_\alpha(t),\ X_2(t)=X_\beta(t)-AD_\beta(t),\ X_3(t)=X_\delta(t)-AD_\delta(t) \quad (4\text{-}14)$$

$$X(t+1)=(X_1+X_2+X_3)/3 \quad (4\text{-}15)$$

X_α、X_β 和 X_δ 分别为迭代 t 次时的前三个最好的解。

当猎物不再移动位置时，狼群会对其发起进攻，完成狩猎过程。

灰狼算法原理如图 4-7 所示。

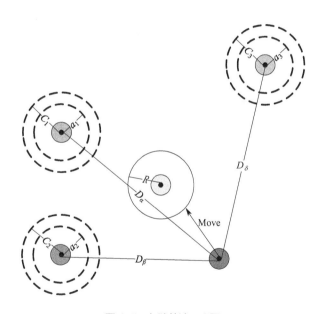

图 4-7 灰狼算法原理图

4.3.2 IGWO 算法设计

为了提升 GWO 的性能，本书对算法进行改进，设计了改进灰狼优化算法（IGWO）。

4.3.2.1 改进初始化种群生成

为了避免出现早熟收敛问题,引入差分进化的过程来逐步改进初始种群,从而提高算法的性能。差分进化生成初始种群具体过程如下。

(1) 随机生成一组初始种群 NP:

$$NP=[NP_1, NP_2, \cdots, NP_N] \tag{4-16}$$

其中,$NP_i=[x_{i1}, x_{i2}, \cdots, x_{iD}]$,表示第 i 个个体的 D 维位置向量。对于每个位置 x_{ij},采用公式 $x_{ij}=l_i+\text{rand}(0,1)\times(u_i-l_i)$ 来生成,其中 l_i 和 u_i 分别表示第 i 个维度搜索区域的上界和下界。

(2) 选取两个不同的个体 NP_j 和 NP_k,其中 $j \neq k$。生成一个差分向量 v:

$$v=NP_j-NP_k \tag{4-17}$$

利用差分向量更新当前个体 NP_i 的位置,得到一个新的个体 NQ_i:

$$NQ_i=NP_i+Fv \tag{4-18}$$

(3) 计算新个体 NQ_i 的适应度 $f(NQ_i)$。F 为缩放因子,通常取值为 $[0,2]$,本书取 0.5。将适应度高的个体 NQ_i 保留在新种群 NQ 中,替换适应度低的个体 NP_i。

4.3.2.2 改进线性收敛因子

为了提高算法的全局搜索能力改进设计了多周期余弦因子,使其随着迭代次数非线性减小,具体表达式如下:

$$a = (a_{\max} - a_{\min}) \times \cos(\frac{\pi t}{2\text{Maxit}}) \tag{4-19}$$

式中,$a_{\max}$ 为收敛因子的最大值;$a_{\min}$ 为收敛因子的最小值;t 表示当前迭代次数;Maxit 表示最大迭代次数。

IGWO 算法的求解步骤如下:

步骤 1:设置参数 设置灰狼种群规模、最大迭代次数、搜索范围等控制参数,变量的上下界;

步骤 2:灰狼种群初始化 随机生成灰狼个体的初始位置,初始化 a、

A、C 等参数;

步骤 3: 计算适应度值　对于每只灰狼 i，将其位置向量 X_i 带入问题的适应度函数中，计算其适应度值。并保存前三匹狼的位置向量 X_α、X_β 和 X_δ;

步骤 4: 更新其余灰狼位置;

步骤 5: 更新 a、A、C 等参数;

步骤 6: 判断终止条件，求出所有个体的适应度值，和上一次迭代的值相比较，选择前三个最好位置的灰狼作为下一代继续寻找，判断是否达到最大迭代次数，如果未达到终止条件，则继续迭代，直到达到最大迭代次数;

步骤 7: 输出最优解　在达到最大迭代次数后，停止计算，输出最优位置 X_α，为单目标优化问题的最优解。

IGWO 算法运行流程如图 4-8 所示。

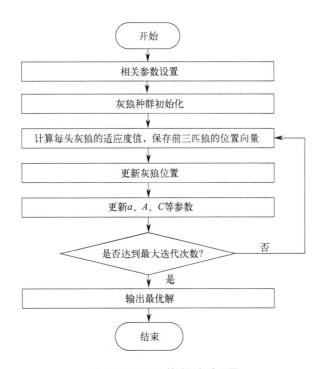

图 4-8　IGWO 算法运行流程图

4.4 基于生产计划的农机装备内部供应链物料配送模型构建

4.4.1 问题描述

内部供应链物料配送指制造商仓库至装配线边工位组的物料配送。在满足物料需求和实现准时化配送前提下，寻求最佳配送期量，实现内部物流成本最优和物料搬运小车装载空置率最低等目标。内部物流总成本 f 包括配送总成本 C_1 和工位组线边库存总成本 C_2，物料搬运小车装载空置率为 μ。

农机装备所需的物料储存在仓库，仓库负责存储物料并根据各工位对物料种类、规格、数量和时间等需求信息实施配送，配送过程由物料搬运小车完成。物料在仓库先由工人对物料进行分拣装车出发，再由物料搬运小车送至生产车间线边存储区，最后由生产线装配工人进行装配。

由于农机装备为多品种、多物料的混流生产，设置生产计划为（U_q，w_{qp}，r），其中 U_q 为 q 机型的计划生产量，w_{qp} 为 q 机型 p 物料的单机装配量，r 为生产节拍。物料配送需要满足混流生产的计划需求，避免缺料停线现象发生。因此，与生产计划适应的配送期量是核心，为 [$N_{qp}(r)$，$t_{qp}^k(r)$]，$N_{qp}(r)$ 和 $t_{qp}^k(r)$ 分别为生产节拍 r 时的物料配送量与配送间隔期。物料配送问题模型如图 4-9 所示。

配送小车容量有限，各装配工位线边库存空间有限。求解满足生产物料需求的基础上配送过程配送总成本和配送间隔期最小。且假设：

① 各生产线工位的物料需求已知；

② 在一个计划期内，制造商生产计划确定，生产线按节拍生产，不发生停线现象；

③ 物料搬运小车从仓库出发，完成配送任务后返回；

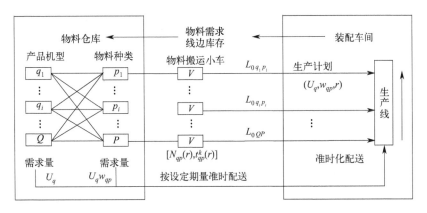

图 4-9 农机装备内部供应链物料配送问题模型

④ 物料配送量体积不能超过物料搬运小车的容量限制；

⑤ 仓库与各工位，以及各工位之间运送时间已知。

4.4.2 模型构建

符号表述如下所示。

U_q：q 机型的生产数量

$N_{qp}(r)$：节拍为 r 时小车单次物料配送量

V：物料搬运小车容量

V_{qp}：q 机型 p 物料占据的体积

C_k：小车单次使用成本

C_n：物料的单位库存费用

q：机型种类索引，$q=q_1, q_2, q_3, \cdots, Q$

p：物料种类索引，$p=p_1, p_2, p_3, \cdots, P$

L_{oqp}：从仓库到所需物料工位的距离

S_{qp}：p 物料对应的装配工位安全库存

$t_{qp}^k(r)$：配送时间间隔

t_{qp}：q 机型 p 物料的单位分拣时间

r：生产节拍

v：小车行驶的速度

w_{qp}：q 机型 p 物料的单机装配量

I_{qp}：q 机型 p 物料的线边最大储存量

μ：物料搬运小车装载空置率

以包含配送成本（C_1）和线边库存成本（C_2）的配送总成本（f）与物料搬运小车空置率（μ）为优化目标，综合考虑生产计划物料需求的时间和数量、物料搬运小车最大承载量、线边库存等约束条件，建立不同机型 q 不同物料 p 的单次配送量 $N_{qp}(r)$、配送间隔期 $t_{qp}^k(r)$ 与生产节拍 r 的动态物料配送优化模型。

① 配送总成本由各工位组配送成本之和构成，配送总成本为物料搬运小车在一定时间内配送次数乘单次配送成本，则 C_1 可表示为：

$$C_1 = \sum_{q=1}^{Q}\sum_{p=1}^{P} \frac{U_q w_{qp}}{N_{qp}(r)} c_k x_p^y y_p \qquad (4\text{-}20)$$

② 线边库存总成本由各工位组线边库存成本之和构成，与工位组线边库存量有关，为各个线边平均库存水平与单位库存成本乘积。则工位组线边库存总成本 C_2 可表示为：

$$C_2 = \sum_{q=1}^{Q}\sum_{p=1}^{P} \left(\frac{N_{qp}(r)}{2} + S_{qp}\right)\left(\frac{r[N_{qp}(r) - S_{qp}]}{w_{qp}}\right) c_n \qquad (4\text{-}21)$$

③ f 表示配送总成本为配送成本和库存成本之和。以内部物流成本最小为目标函数，建立期量优化模型：

$$\min f = \sum_{q=1}^{Q}\sum_{p=1}^{P} \left(\frac{U_q w_{qp}}{N_{qp}(r)} c_k + \left(\frac{N_{qp}(r)}{2} + S_{qp}\right)\left(\frac{r[N_{qp}(r) - S_{qp}]}{w_{qp}}\right) c_n\right) x_p^y y_p \qquad (4\text{-}22)$$

④ 物料搬运小车装载空置率与小车装载量有关，为各个物料配送时小车容量减去装载物料占据容量的平均值。

$$\mu = \frac{1}{QP}\sum_{q=1}^{Q}\sum_{p=1}^{P} \frac{V - N_{qp}(r)V_{qp}}{V} \qquad (4\text{-}23)$$

⑤ $t_{qp}^k(r)$ 为配送间隔期。

$$t_{qp}^k(r) = \frac{r[N_{qp}(r) - S_{qp}]}{w_{qp}} \quad (4\text{-}24)$$

综上，建立多目标物料配送模型：

$$F = \{\min f \cup \min \mu\} \quad (4\text{-}25)$$

$$x_p^y = \begin{cases} 1, & \text{AGV 小车配送} p \text{物料} \\ 0, & \text{AGV 小车不配送} p \text{物料} \end{cases}$$

s.t

$$\sum_{p=1}^{P} y_p = 1 \quad (4\text{-}26)$$

$$\frac{t_{qp}^k(r) r}{w_{qp}} \leqslant N_{qp}(r) \quad (4\text{-}27)$$

$$N_{qp}(r) \times V_{qp} \leqslant V \quad (4\text{-}28)$$

$$N_{qp}(r) \leqslant I_{qp} \quad (4\text{-}29)$$

$$\frac{2L_{0qp}}{v} + N_{qp}(r) t_{qp} \leqslant t_{qp}^k(r) \leqslant \frac{\min\left(\frac{V}{V_{qp}}, I_{\max}\right) \times r}{w} \quad (4\text{-}30)$$

式（4-25）为以配送总成本最小、装载空置率最小的多目标函数；式（4-26）表示每个工位都能被服务到；式（4-27）表示每种物料的单次配送量满足配送期间的消耗；式（4-28）表示单次配送体积小于小车容积；式（4-29）表示单次配送量限制，单次配送数量小于工位最大储存量；式（4-30）表示每个物料的配送周期需满足在最小和最大配送周期之间。

4.5 改进 MOGWO 算法设计

4.5.1 MOGWO 算法

多目标灰狼优化（multi-objective grey wolf optimization，MOGWO）[98]是一种基于 GWO 算法的多目标优化改进算法，用于解决多目标优化问题。相比于 GWO，MOGWO 算法引入了两个新成分，分别为档案库和领导者选择策略。档案库负责存储获得的非支配 Pareto 解集，领导者选择策略主要是从档案库中选择 α、β 和 δ 狼作为搜寻过程的领导者。不同于 GWO，MOGWO 算法不再有 α、β 和 δ 狼的区分，而是将 α、β 和 δ 统称为头狼。

  档案库是存储获得的非支配 Pareto 解集的单元。关键部分为存储控制器，存储控制器主要作用是当检索到新解或者存储单元达到存储的最大限度时控制新解进入存储单元。在搜索过程中通过对存储单元中的解与搜索过程中出现的新解进行对比，决定保留或者替换存储单元中的解。当存储单元的存储空间达到上限时，则对存储空间重新划分，将新解插入到最不拥挤的区域，以提高最终逼近 Pareto 最优前沿解集的多样性。

  领导者选择策略在 MOGWO 算法中起到关键作用。其主要目标是选择搜索空间中不太拥挤的部分，并找到非支配的解。在 GWO 算法中，α、β 和 δ 狼为获得的三种最优解，负责引导其他搜索代理进行全局搜索寻优。然而，对于多目标优化问题，在具有多个目标函数的搜索空间中，直接比较 Pareto 解的全局最优性变得困难。为此，引入了领导者选择策略。MOGWO 算法使用轮盘赌的方式从存档库中最不拥挤的区域提供非支配的解决方案，如 α、β 和 δ 狼。通过选择搜索空间中不太拥挤的部分和非支配解作为领导者，算法能够更好地探索解空间，避免局部最优，能够找到更接近全局最优的解。

4.5.2 改进 MOGWO 算法

  为了提升 MOGWO 的求解性能，设计了改进的 MOGWO 算法。

4.5.2.1 改进初始化种群生成

  随机生成一组初始种群 P：

$$P=[P_1, P_2, \cdots, P_N] \qquad (4\text{-}31)$$

其中，$P_i=[x_{i1}, x_{i2}, \cdots, x_{iD}]$，表示第 i 个个体的 D 维位置向量。对于每个位置 x_{ij}，采用公式 $x_{ij}=l_i+\text{rand}(0,1)\times(u_i-l_i)$ 来生成，其中 l_i 和 u_i 分别表示第 i 个维度搜索区域的上界和下界。

选取两个不同的个体 P_j 和 P_k，其中 $j \neq k$。生成一个差分向量 v：

$$v=P_j-P_k \qquad (4\text{-}32)$$

利用差分向量更新当前个体 P_i 的位置，得到一个新的个体 Q_i：

$$Q_i=P_i+Fv \qquad (4\text{-}33)$$

计算新个体 Q_i 的适应度 $f(Q_i)$。F 为缩放因子，通常取值为 $[0, 2]$。将适应度高的个体 Q_i 保留在新种群 Q 中，替换适应度低的个体 P_i。

4.5.2.2 改进线性收敛因子

为了提高算法的全局搜索能力，改进设计了多周期余弦因子，使其随着迭代次数非线性减小，具体表达式见式（4-34）：

$$a=(a_{\max}-a_{\min})\times\cos(\frac{\pi t}{2\text{Maxit}}) \qquad (4\text{-}34)$$

式中，$a_{\max}$ 为收敛因子的最大值，$a_{\min}$ 为收敛因子的最小值，t 表示当前迭代次数，Maxit 表示最大迭代次数。

IMOGWO 算法的步骤如下。

步骤 1：设置灰狼的数量、最大迭代次数、搜索范围和档案库大小的参数等控制参数；

步骤 2：灰狼初始化。随机生成灰狼个体，计算灰狼的目标函数值，确定非支配个体，更新档案库；

步骤 3：从档案库中按轮盘赌法选择 α、β 和 δ 狼，更新其他狼位置，检验新生成的灰狼是否满足约束条件；

步骤 4：计算灰狼的目标函数值，更新档案库；

步骤 5：判断是否超过档案库大小和最大迭代次数，直至达到最大迭代次数；

步骤6： 输出档案库中的灰狼位置，为物料配送问题的一组Pareto解集。算法流程图如图4-10所示。

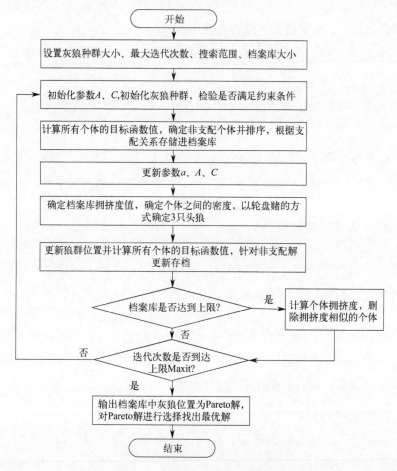

图4-10 改进多目标灰狼算法流程图

4.6 实例验证

4.6.1 基于需求预测的农机装备外部供应链物料配送验证

以某农机制造商C公司某机型农机装备进行实例验证。基于需求预测，得到 2023 年度某机型农机装备的月度需求量，如表 4-1 所示。

表 4-1　2023 年度某机型农机装备需求预测

月份	农机装备预测量 / 件
1	248
2	264
3	301
4	259
5	326
6	277
7	265
8	253
9	311
10	262
11	248
12	234

采购部门将农机需求量转化为相关物料清单，以 2023 年度第一季度物料需求量为例，选取 7 种关键物料进行供应链物料配送验证研究。相关物料清单如表 4-2 所示，物料配送信息如表 4-3 所示。

表 4-2　某机型农机装备相关物料清单

物料名称	单机装配量 / 件	物料需求数量 / 件
后视镜	2	1626
挡泥板	2	1626
变速杆	1	813
车灯	2	1626
悬挂支架	2	1626
电瓶	1	813
曲轴齿轮	1	813

表 4-3　物料配送信息

物料名称	物料数量 / 件	固定配送成本 / 元	单位配送成本 / 元	单位库存成本 / 元	仓库最大库存 / 件	安全库存 / 件	平均消耗量 / 件
后视镜	1626	150	0.4	0.3	300	48	19
挡泥板	1626	150	0.3	0.2	350	48	19

续表

物料名称	物料数量/件	固定配送成本/元	单位配送成本/元	单位库存成本/元	仓库最大库存/件	安全库存/件	平均消耗量/件
变速杆	813	150	0.4	0.3	200	25	10
车灯	1626	150	0.5	0.3	300	48	19
悬挂支架	1626	150	0.6	0.4	300	48	19
电瓶	813	150	0.7	0.5	200	25	10
曲轴齿轮	813	150	0.4	0.3	200	25	10

4.6.1.1 仿真实验

通过 MATLAB 实现 IGWO 算法，设置灰狼算法的种群规模、最大迭代次数、搜索空间维度以及解搜索范围等参数，运行标准 GWO 算法和 IGWO 算法进行对比，目标函数收敛过程如图 4-11 所示。运用 IGWO 算法求解得到优化后各物料的最优配送量和配送间隔期，进行模型优化效果检验。

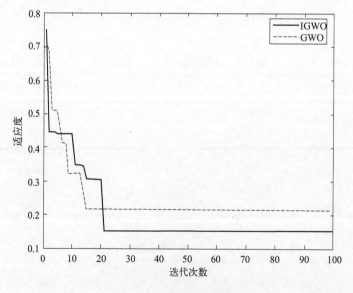

图 4-11 算法收敛过程图

对比标准 GWO 算法和 IGWO 算法目标函数适应度值大小，IGWO 算法的函数适应度值更小，说明 IGWO 优于标准 GWO 算法，验证了算法的有效性。

4.6.1.2 结果分析

为验证模型和算法的有效性，对比分析优化前后物料总配送成本。如表 4-4 所示，优化前各物料配送总成本为 30654.3 元，优化后各物料配送总成本为 22260.3 元，相比优化前减少 8394.0 元，减少了 27.4%，实现了物料配送的优化。说明该优化模型确定的物料配送期量，避免物料大批量配送和线边物料库存过多，降低了配送总成本，验证了该模型和算法的有效性及可行性。

表 4-4 物料配送优化前后成本对比

物料名称	物料数量/件	优化后单次配送量/件	优化后总成本/元	优化前采购总量/件	优化前单次配送量/件	优化前总成本/元	优化前后总成本对比	
后视镜	1626	233	3639.7	2000	300	4608.5	968.8	21.0%
挡泥板	1626	271	3202.1	2000	350	4110.5	908.5	22.1%
变速杆	813	136	2428.3	1000	200	3171.5	743.2	23.4%
车灯	1626	203	2800.2	2000	300	4608.5	1808.3	39.2%
悬挂支架	1626	233	4154.0	2000	300	5464.6	1310.7	24.0%
电瓶	813	102	3519.6	1000	200	5319.2	1799.7	33.8%
曲轴齿轮	813	117	2516.4	1000	200	3371.5	855.2	25.4%
总计			22260.3			30654.3	8394.0	27.4%

4.6.2 基于生产计划的农机装备外部供应链物料配送验证

该农机装备制造商某生产车间采用混流生产模式，各物料的需求不同，节拍不同，每种物料的需求数量和时间必须满足车间的物料需求。

选取其中 2 种机型 14 种关键物料进行验证研究。车间 q_1 机型生产计划总量为 90 台，生产节拍为 3min/ 台，车间 q_2 机型生产计划生产总量为 100 台，生产节拍为 4min/ 台。物料需求信息及参数设置如表 4-5 所示，物料配送及工位信息如表 4-6 所示。

表 4-5　物料需求信息及参数设置

机型	机型数量/件	生产节拍/min	物料种类	单机装配量/件	总需求量/件	物料占据体积/m³
q_1	90	3	后视镜	2	180	0.016
			挡泥板	2	180	0.015
			变速杆	1	90	0.016
			车灯	2	180	0.016
			悬挂支架	2	180	0.014
			电瓶	1	90	0.015
			曲轴齿轮	1	90	0.016
q_2	100	4	变速杆	1	100	0.018
			小车梯子	2	200	0.016
			电路板	2	200	0.014
			连杆	1	100	0.020
			方向盘	1	100	0.018
			操纵杆	1	100	0.015
			排气筒	1	100	0.018

表 4-6　物料配送及工位信息

机型	物料种类	单次配送成本/元	小车容积/m³	小车速度/(m/min)	工位距离/m	单位库存费用/(元/小时)	安全库存/件	最大库存/件
q_1	后视镜				25	5.5	12	60
	挡泥板				30	5.0	12	60
	变速杆				33	7.5	7	45
	车灯	35	0.9	15	35	5.5	12	50
	悬挂支架				36	4.5	18	70
	电瓶				36	5.5	14	45
	曲轴齿轮				38	4.0	12	40

续表

机型	物料种类	单次配送成本/元	小车容积/m³	小车速度/(m/min)	工位距离/m	单位库存费用/(元/小时)	安全库存/件	最大库存/件
q_2	变速杆	35	0.9	15	28	6.0	7	45
	小车梯子				29	7.0	13	55
	电路板				31	5.5	15	55
	连杆				34	7.0	9	30
	方向盘				34	7.5	8	30
	操纵杆				35	7.0	8	35
	排气筒				37	6.0	8	35

4.6.2.1 仿真实验

采用 MATLAB 软件运行改进 MOGWO 算法，对参数进行设置：设置种群大小为 100，最大迭代次数为 300，网格膨胀参数为 0.1，每个维度网格数为 10。运行标准 MOGWO 算法和改进 MOGWO 算法得到目标函数收敛过程如图 4-12 所示。

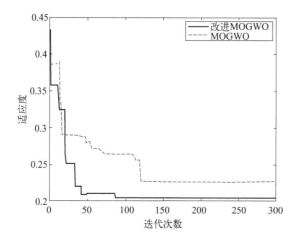

图 4-12 算法收敛过程对比图

4.6.2.2 算法对比

改进 MOGWO 算法种群在 85 代收敛至最优解，标准 MOGWO 算法在 120 代收敛,改进 MOGWO 算法的收敛速度更快。对比标准 MOGWO 算法和改进 MOGWO 算法分别求得的目标函数适应度值,改进 MOGWO 算法的函数适应度值更小,优于标准 MOGWO 算法。验证了算法的有效性和优越性。

4.6.2.3 优化结果

优化后,求得的 Pareto 解集如图 4-13 所示。利用改进 MOGWO 算法选出最优解可得到优化后各物料的最优配送批量和配送间隔期,如表 4-7 所示。

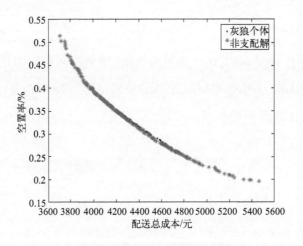

图 4-13 优化后的 Pareto 解集

表 4-7 优化后物料配送期量

机型	机型数量/件	生产节拍/min	物料种类	单机装配量/件	单次配送量/件	配送次数	配送间隔期/min
q_1	90	3	后视镜	2	40	4	60.0
			挡泥板	2	45	4	67.5
			变速杆	1	30	4	90.0
			车灯	2	40	4	60.0
			悬挂支架	2	50	4	75.0
			电瓶	1	40	3	60.0
			曲轴齿轮	1	35	4	105.0

续表

机型	机型数量/件	生产节拍/min	物料种类	单机装配量/件	单次配送量/件	配送次数	配送间隔期/min
q_2	100	4	变速杆	1	25	5	100.0
			小车梯子	2	43	6	86.0
			电路板	2	48	5	96.0
			连杆	1	25	5	100.0
			方向盘	1	26	5	104.0
			操纵杆	1	27	4	108.0
			排气筒	1	26	4	104.0

表 4-8 优化前后物料配送期量及成本对比分析

机型	物料种类	优化前				优化后			
		配送量/件	配送总成本/元	配送间隔期/min	空置率/%	配送量/件	配送总成本/元	配送间隔期/min	空置率/%
q_1	后视镜	56	448.0	84.0	18.0	40	351.0	60.0	28.9
	挡泥板	60	420.0	90.0	0.0	45	334.1	67.5	25.0
	变速杆	45	567.8	135.0	18.0	30	352.5	90.0	46.7
	车灯	50	394.4	75.0	18.0	40	351.0	60.0	28.9
	悬挂支架	64	465.0	96.0	6.0	50	381.9	75.0	22.2
	电瓶	45	295.8	67.5	22.5	40	292.0	60.0	33.3
	曲轴齿轮	40	361.0	120.0	42.0	35	311.5	105.0	37.8
q_2	变速杆	45	636.0	180.0	30.0	25	335.0	100.0	50.0
	小车梯子	55	659.8	110.0	10.0	43	521.2	86.0	23.6
	电路板	55	568.5	110.0	20.0	48	518.2	96.0	25.3
	连杆	30	476.0	120.0	40.0	25	390.8	100.0	44.4
	方向盘	30	485.0	120.0	45.0	26	413.0	104.0	48.0
	操纵杆	35	521.5	140.0	40.0	27	410.9	108.0	55.0
	排气筒	35	462.0	140.0	30.0	26	358.4	104.0	48.0
	统计		6760.8	113.5	24.3		5321.4	86.9	36.9

为验证模型和算法的有效性，对比分析优化前后各物料总配送成本、车辆空置率和物料配送间隔期变化。如表 4-8、图 4-14 所示，优化前各物料单次配送量大多为物料搬运小车的满载量或线边最大库存量，配送批量缺乏经济性，配送总成本高，配送总成本为 6760.8 元，小车空置率为 24.3%。优化后各物料单次配送量减少，配送次数增加，配送总成本

为 5321.4 元，相比优化前减少 1439.4 元，减少了 21.3%。平均车辆空置率与优化前相比有所上升，由 24.3% 增加至 36.9%。平均物料配送间隔期由 113.5min 缩短为 86.9min，缩短了 23.4%，减少了库存积压和浪费，实现了物料配送的优化。

本算例说明该优化模型确定的物料配送期量，减少了配送时间间隔，避免物料大批量配送和线边物料库存过多，降低配送总成本的同时兼顾物料搬运小车空置率，验证了该模型和算法的有效性及可行性。

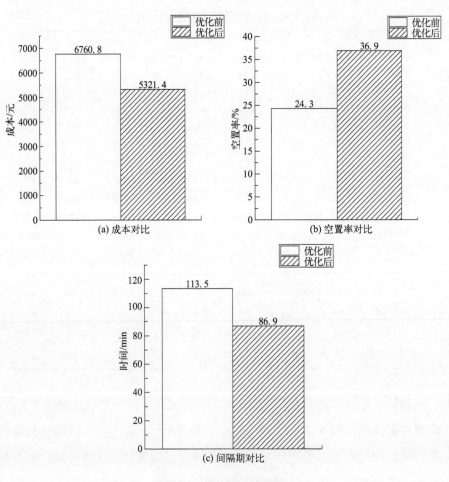

图 4-14 优化后的各项指标

4.7 本章小结

本章阐释了农机装备供应链物料配送的现状及问题，以网络协同制造模式下供应链管理系统为基础，制定了农机装备内外部供应链物料配送策略。针对外部供应链物料采购配送缺乏科学决策方法，造成供应链物料配送不及时、库存增高和物流成本增加，难以实现供应链物料配送的经济、协同、高效的问题，构建外部供应链配送批量优化模型，设计了 IGWO 算法。针对传统物料配送方式难以满足农机装备混流生产的问题，以配送总成本、物料搬运配送小车装载空置率为优化目标，构建了多目标、多频次、小批量物料配送期量优化模型，设计了改进种群初始化生成方法和改进收敛因子的多目标灰狼优化算法。实例验证了所提模型和算法的有效性。

第 5 章

网络协同制造模式下农机装备供应链信息协同流程优化方法

网络协同制造环境下，农机装备供应链合作伙伴之间的联系越来越紧密，相互之间的沟通更为频繁。供应链信息协同流程是供应链相关信息在相互关联的业务中流动与传递形成的流程。高效的供应链信息协同流程将有助于提高整个供应链信息协同系统的信息传输、处理及决策能力，为科学高效地进行供应链活动决策提供支持，保证供应链活动的顺畅开展，确保网络协同制造对供应链提出的要求——精准服务得以实现。本章基于灰色绝对关联分析设计了评价供应链信息协同流程稳定性的算法，进而构建了供应链信息协同流程优化模型并进行实例验证。

5.1　农机装备供应链信息协同流程优化问题分析

网络协同制造环境下农机装备供应链信息协同流程是依托供应链信息网络，对供应链信息在网络管理节点之间流动的先后顺序和时间进行协同，以最低的成本，在最短的时间内实现所需的物流信息从提供者节点流向需求节点。在进行信息协同流程之前，信息的需求节点及提供节点是非常明确的。然而，农机装备供应链信息网络是复杂的，使得协同的某种信息从信息提供节点到需求节点有多种路径可以到达，而且每种路径经过的网络管理节点也有所不同。因此，在进行供应链信息协同流程时，应该重点关注两个方面的问题：一是信息从信息提供节点到需求节点经过的网络管理节点及先后顺序；二是所需信息到达的时间。对于有多次需求的同一种信息，其从信息提供节点传输到信息需求节点所经过的网络管理节点和通过这些节点的先后顺序是一致的，因此信息协同流程关注的重点就变成了所需信息到达的时间。

网络协同制造环境下农机装备供应链信息协同流程框架如图 5-1 所示，分为纵向信息协同流程和横向信息协同流程两类。纵向信息协同流程是指同一供应链上具有上下游关系的节点企业之间信息流程的协同

（如图 5-1 中供应商和制造商之间的供应链信息协同流程）；横向信息协同流程是指供应链上处于相同环节的节点企业之间信息流程的协同（如图 5-1 中供应商之间的供应链信息协同流程）。在网络协同制造环境下，实现农机装备供应链合作伙伴间信息协同机制和网络结构优化后，有限的供应链信息网络管理节点之间实现了互联互通。但是，由于供应链结构复杂，流程相互交织，导致供应链纵向信息协同流程和横向信息协同流程交错，组成一个复杂的协同流程网络，使得供应链信息协同流程变得更为复杂，因此必须要对相应的协同流程进行优化以保证农机装备供应链信息协同目标的实现。

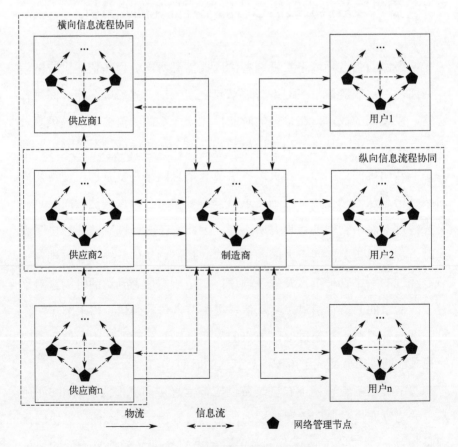

图 5-1　供应链信息协同流程框架

网络协同制造环境下农机装备供应链信息协同流程优化是保证参与协同的网络管理节点组成的信息流程之间协同。在网络协同制造环境下，各个参与协同的网络管理节点实现了互联互通，由于信息传输的速度非常快，在流程中的网络管理节点均没有任何干涉或顺利通过的情况下，从信息提供节点至信息需求节点所花费的时间非常短，几乎可以忽略不计。因此，可以视为只要信息提供节点提供了所需的信息，则所需的信息可以瞬间传输到信息需求节点。

在理想状态的供应链信息协同流程中，农机装备供应链上的合作伙伴都采用供应链信息协同策略，各个网络管理节点都严格执行这一策略，不管经过的节点有多少，先后顺序怎样，信息提供节点提供的信息都可以快速地传输给信息需求节点。然而，在现实中，由于流程中的各个网络管理节点都要对收到的信息进行各种处理（如提取、分析、变换、综合等），对发出的信息进行各种形式的审批等。如果网络管理节点没有按照协同要求按时提供信息，则会导致信息在传输中出现延迟，经过的网络管理节点越多，这种延迟的可能性和延迟的绝对时间量将会越大，最终导致供应链信息协同出现问题。因此，农机装备供应链信息协同流程应当重点关注所需信息到达的时间。

供应链信息流程稳定性是指信息流程中的每个节点都按照供应链信息协同的要求提供相应信息能力。如果流程中的每个节点都能够按要求提供相应信息，则供应链信息流程稳定性高；反之，则稳定性低。因此，网络协同制造环境下农机装备的供应链信息协同流程优化可以从供应链信息流程稳定性出发，根据供应链信息需求节点收到同一种信息数据序列的特性，确定供应链信息流程中各个节点的协同情况，进而采取相应的措施进行优化，满足网络协同制造对供应链信息的需求。

5.2 农机装备供应链信息流程的数据序列

农机装备供应链相关活动决策需要依靠来自供应链不同节点的信息数据，毫无疑问，这些信息数据需要经过一定的供应链信息协同流程才能够从信源（信息提供者）传递到信宿（信息需求者）。设农机装备供应链信息流程的某个节点 i 第 j 次获取到的某特征数据的规定时间为 ST_i^j，实际收到该信息的时间为 RT_i^j，则它们之间时间差为

$$IT_i^j = RT_i^j - ST_i^j \tag{5-1}$$

理想情况下，$IT_i^j=0$，但在实际工作中，可能由于某个节点处理数据延迟、决策不及时、信息网络传输滞后以及各种噪声干扰等，反而是 $IT_i^j \neq 0$ 更为常见。如果 $IT_i^j > 0$，说明该信息的实际收到时间滞后于规定时间，在这种情况下，该节点的相关供应链活动决策将会受到影响，因此，应该尽量避免这种情况的发生；相反，如果 $IT_i^j < 0$，说明该信息的实际收到时间提前于规定时间，尽管提前收到该信息并不影响该节点对与该信息相关的供应链活动进行决策，但会对其他决策造成干扰，也不应该被鼓励。即便是在一个稳定的信息流程中，IT_i^j 不应该是一成不变的常数，而应该是一个变动的值，但其相对稳定。如果设某供应链信息节点 IT_i^j 的本征数据序列 X_1 为：

$$X_1 = [x_1(1),\ x_1(2),\ \cdots,\ x_1(k),\ \cdots,\ x_1(K)] \tag{5-2}$$

式中，$x_1(k)$ 为 X_1 的第 k 个数据；$k=1, 2, \cdots, K$；K 为数据个数。

在信息传递过程中，按照传递顺序可以获得某信息参数的数据序列 X

$$X = [x_1,\ x_2,\ \cdots,\ x_t,\ \cdots,\ x_T] \tag{5-3}$$

式中，x_t 为第 t 个数据；$t=1, 2, \cdots, T$；T 为数据个数，通常情况下，$T > X$。

在分析供应链信息协同流程稳定性时，从 X 中依次抽取 K 个数据，

构成供应链信息协同流程稳定性评价数据序列 X_i

$$X_i=[x_i(1), x_i(2), \cdots, x_i(k), \cdots, x_i(K)] \quad (5\text{-}4)$$

式中，X_i 可称作供应链信息流程的 i 因素，$i \geqslant 2$；$x_i(k)$ 为 X_i 的第 k 个数据；$k=1,2,\cdots,K$。

分别对数据序列中的数据按从小到大的顺序进行排序，可以得到排序后的数据序列。基于灰色关联分析（grey relation analysis，GRA）理论，对两个排序数据序列之间的关系进行分析，可以评价其过程稳定性。

5.3 农机装备供应链信息协同流程优化方法构建

目前，稳定性评价方面的研究成果主要分为两类：一类主要偏重于对设备（如机床）加工的稳定性进行分析或评估，其重点是对设备保持其性能不变的能力进行分析或评估；另一类主要偏重于整个制造过程的稳定性分析或评估，往往根据某个环节的数据来确定制造过程的稳定性，采用的方法以传统 SPC 居多，如假设某一制造系统服从正态分布，测量某一连续工序加工出来的一批零件，根据测量结果，利用控制图方法确定工序是否稳定。虽然 SPC 方法应用较为广泛，但由于制造过程的复杂性（如非正态分布、未知属性等），导致传统方法的分析或评估结果并不可靠。夏新涛等[99]基于灰色系统理论，根据制造过程某一属性的排序数列建立它们之间的灰关系，并确定灰置信水平，进而实现了对制造过程稳定性的准确评估。农机装备供应链信息流程也是一种过程稳定性评价，与制造过程稳定性评价有相似之处，鉴于此，本章将根据供应链信息流程数据序列，采用灰色系统理论进行供应链信息流程稳定性评价，建立供应链信息协同流程优化模型。

5.3.1 农机装备供应链信息流程稳定性评价

5.3.1.1 基于 GRA 的供应链信息协同流程稳定性评价与分析

文献［99］将灰关系理论应用于制造过程稳定性评估，取得了较好的效果。农机装备供应链信息流程与制造过程具有一定相似之处，都需要经过流程中一系列节点及其相应的处理活动，最终形成所需要产品（或信息），因此可以将供应链信息流程的排序数据序列视为制造过程的排序数据序列，利用该文献所述方法对供应链信息流程稳定性进行评价。

（1）基于 GRA 的农机装备供应链信息协同流程稳定性评价方法

令农机装备供应链信息流程某节点 i 获取某信息 A 的时间差形成的两个排序序列为 Y_1 和 Y_j，它们相应的元素为 $y_1(k)$ 和 $y_i(k)$，$k=1,2,\cdots,n$。

令

$$\bar{y}_h = \frac{1}{n}\sum_{k=1}^{n} y_h(k) \tag{5-5}$$

$$s_h(k) = y_h(k) - \bar{y}_h \tag{5-6}$$

将 $s_h(k)$ 进行规范化处理，得到：

$$z_h(k) = \frac{s_h(k) - \min_k s_h(k)}{\max_k s_h(k) - \min_k s_h(k)} = \frac{s_h(k) - s_h(1)}{s_h(n) - s_h(1)} \tag{5-7}$$

令，$Z_h = \{s_h(k) | k=1,2,\cdots,n\} h \in (1,j)$，$Z_h$ 是 Y_h 的规范化排序序列。则有：$z_h(k) \in (0,1)$，且

$$\begin{cases} z_h(1)=0 \\ z_h(n)=1 \end{cases} \tag{5-8}$$

定义灰色关联度

$$\rho_{0h}=\rho(Z_0, Z_h)=\frac{1}{K}\sum_{k=1}^{K}\rho[z_0(k), z_h(k)] \tag{5-9}$$

令

$$\Delta_{0h}(k)=|z_h(k)-z_0(k)| \tag{5-10}$$

$$m=\min_{h=1}\min_{k=1}|z_h(k)-z_0(k)| \tag{5-11}$$

$$M=\max_{h=1}\max_{k=1}|z_h(k)-z_0(k)| \tag{5-12}$$

则灰色关联度为

$$\rho[z_0(k), z_h(k)]=\frac{m+\xi M}{\Delta_{0h}(k)+\xi M} \tag{5-13}$$

取分辨系数 $\xi\in(0, 1]$，根据式（5-10）～式（5-13）可以得到灰关联度的表达式为：

$$\rho[z_0(k), z_h(k)]=\frac{\xi}{\Delta_{0h}(k)+\xi}, \quad k=, 1, 2, \cdots, K \tag{5-14}$$

定义两个数据序列 Y_1 和 Y_j 之间的灰差[99]为

$$d_{1j}=|\rho_{01}-\rho_{0j}| \tag{5-15}$$

如已知灰差 d_{1j}，则称

$$r_{1j}=1-d_{1j} \tag{5-16}$$

为数据序列 Y_1 和 Y_j 之间基于灰关联度的相似系数，可称

$$\mathbf{R}=\begin{bmatrix} r_{11} & r_{1j} \\ r_{j1} & r_{jj} \end{bmatrix}=\begin{bmatrix} 1 & r_{1j} \\ r_{j1} & 1 \end{bmatrix} \tag{5-17}$$

为灰相似矩阵，且 $0\leqslant r_{1j}\leqslant 1$。

对于给定的 Y_1 和 Y_j，若 $\xi\in(0, 1]$，则总存在唯一实数 $d_{\max}=d_{1j\max}$，使 $d_{1j}\leqslant d_{\max}$，这时可称 $d_{\max}$ 为最大灰差，相应的 ξ 可称为基于最大广义灰差的最优分辨系数。

定义基于两个数据序列 Y_1 和 Y_j 的广义灰关联的属性权重为

$$f_{1j}=\begin{cases} 1-\dfrac{d_{\max}}{\eta} & d_{\max}\in[0, \eta] \\ 0 & d_{\max}\in[\eta, 1] \end{cases} \tag{5-18}$$

式中，$f_{1j} \in [0, 1]$ 为属性权重，$\eta \in [0, 1]$。

根据灰色系统理论，若没有理由否认 λ 为真元，则在给定准则下，默认 λ 为真元的代表。在给定 Y_1 和 Y_j 的情况下，取参数 $\lambda \in [0, 1]$，若存在一个映射 $f_{1j} \geq \lambda$，那么 Y_1 和 Y_j 具有相同的属性。此处取 $f_{1j}=\lambda=0.5$，即认为 Y_1 和 Y_j 具有相同的属性。

设 $\eta \in [0, 0.5]$，由式（5-18）可得：

$$d_{max}=(1-f_{1j})\eta \tag{5-19}$$

称

$$P_{1j}=1-(1-\lambda)\eta=(1-0.5\eta) \times 100\% \tag{5-20}$$

为灰置信水平，其描述了 Y_1 和 Y_j 的属性相同的可信度，η 可求得。

从 GRA 的角度，如果同一节点接收到的同种信息的不同序列之间的灰关联度大，则灰置信水平高，供应链信息流程稳定性就高；反之，灰置信水平较低，供应链信息流程的稳定性就越低。因此，可以通过灰置信水平来判断农机装备供应链信息流程的稳定性。一般情况下，可取 $f_{1j}=0.5$，则可根据灰置信水平做出判断：①灰置信水平大于或等于 90%，则供应链信息流程稳定；②灰置信水平小于 90%，则供应链信息流程不稳定。

第一种情况表明，供应链信息流程稳定，能够满足供应链信息协同对相关信息的各种要求，保持现状即可。相对于第一种状况，应当特别注意第二种情况，因为供应链信息流程的不稳定，可能会造成信息延迟、信息不完整等问题，从而造成供应链协同出现问题，因此，必须认真对待。应当认真分析造成信息流程不稳定的原因，并采取适当措施，消除供应链信息流程中的扰动因素的影响，使信息流程达到稳定状态。

（2）算例分析

设农机装备企业——某公司的供应链信息流程是稳定的，即该供应链某个节点收到的特定信息时间与规定的标准时间之差（即 IT_i^j）应当服从正态分布（设其数学期望 E 和标准差 σ 分别为 0 和 0.1），利用计算机仿真方法获取服从该正态分布的数据序列 7 个，每个序列含有 10 个数据，共 70 个数据（如表 5-1 所示），现利用基于 GRA 的供应链信息流程方法判断该流程是否稳定。

表 5-1　物流信息样本数据

1	2	3	4	5	6	7
−0.067	−0.017	0.014	−0.125	−0.130	0.074	0.014
0.050	0.114	−0.002	0.269	−0.121	0.047	0.080
−0.118	0.009	−0.098	−0.102	0.123	−0.002	−0.035
0.069	−0.098	0.026	−0.097	0.027	0.056	0.095
−0.130	−0.061	0.047	−0.078	−0.074	0.061	−0.057
0.098	0.182	−0.015	0.041	0.081	−0.074	0.007
−0.054	−0.031	−0.118	−0.003	−0.123	0.082	0.182
−0.011	0.010	0.127	−0.070	0.089	−0.057	0.051
−0.092	0.049	0.019	0.044	−0.086	0.034	−0.070
−0.008	−0.040	0.041	0.017	0.037	−0.001	−0.058

根据表 5-1，将样本数据分为 7 组，即 $Y_1 \sim Y_7$，每个序列 10 个数据：

Y_1=[−0.067，0.05，−0.118，0.069，−0.13，0.098，−0.054，−0.011，−0.092，−0.008]

Y_2=[−0.017，0.114，0.009，−0.098，−0.061，0.182，−0.031，0.01，0.049，−0.04]

Y_3=[0.014，−0.002，−0.098，0.026，0.047，−0.015，−0.118，0.127，0.019，0.041]

Y_4=[−0.125，0.269，−0.102，−0.097，−0.078，0.041，−0.003，−0.07，0.044，0.017]

Y_5=[−0.13，−0.121，0.123，0.027，−0.074，0.081，−0.123，0.089，−0.086，0.037]

Y_6=[0.074，0.047，−0.002，0.056，0.061，−0.074，0.082，−0.057，0.034，−0.001]

Y_7=[0.014，0.08，−0.035，0.095，−0.057，0.007，0.182，0.051，−0.07，−0.058]

将 $Y_1 \sim Y_7$ 数据进行排序，得到排序数据序列 $Y'_1 \sim Y'_7$。

Y'_1=[−0.130，−0.118，−0.092，−0.067，−0.054，−0.011，−0.008，0.050，0.069，0.098]

Y'_2=[−0.098，−0.061，−0.040，−0.031，−0.017，0.009，0.010，0.049，0.114，0.182]

Y'_3=[−0.118，−0.098，−0.015，−0.002，0.014，0.019，0.026，0.041，0.047，0.127]

Y'_4=[−0.125，−0.102，−0.097，−0.078，−0.070，−0.003，0.017，0.041，0.044，0.269]

Y'_5=[−0.130，−0.123，−0.121，−0.086，−0.074，0.027，0.037，0.081，0.089，0.123]

Y'_6=[−0.074，−0.057，−0.002，−0.001，0.034，0.047，0.056，0.061，0.074，0.082]

Y'_7=[−0.070，−0.058，−0.057，−0.035，0.007，0.014，0.051，0.080，0.095，0.182]

Y_1 与 $Y_2 \sim Y_7$ 排序数据序列之间的对比如图 5-2 所示，可以初步认为该系统稳定性较好。

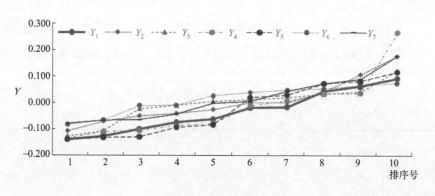

图 5-2 数据序列对比

在 f_{ij}=0.5 时，利用前述方法计算 Y_1 与其他各序列的灰置信水平，计算结果如表 5-2 所示。除序列 Y_4 外，序列 Y_1 与其他序列之间的灰置信水平均大于 90%，而序列 Y_1 与序列 Y_4 之间的灰置信水平小于 90%，根据判断标准,说明该信息流程是不稳定的,这一结论明显与前提条件相矛盾。

表 5-2　灰置信水平计算结果

$f_{1/}$	P_{12}	P_{13}	P_{14}	P_{15}	P_{16}	P_{17}
0.5	97.87%	95.73%	89.88%	96.84%	91.35%	93.98%

对 Y_1 与各序列的排序数据序列图(如图 5-3)进行深入分析后,发现 Y_2、Y_4、Y_6、Y_7 均有部分值与 Y_1 相应值偏离较大,这在灰置信计算结果中并没有体现,分析利用 GRA 评价稳定性的过程,在求取灰关联度时,采用的是对各点的关联度进行平均,即认为各个数据对整体的影响程度完全相同,这导致部分偏离较大的数据"被平均",进而可能致使供应链信息协同流程不稳定但评价结果却为"稳定"的假象。因此需要更科学的方法对农机装备供应链信息流程稳定性进行评价。

5.3.1.2　基于改进 GGRA 的农机装备供应链信息协同流程评价与分析

GGRA 通过度量两曲线之间所夹面积绝对值而从整体上衡量两曲线的相似性,使 GGRA 能够比 GRA 做出更为客观的判断。为避免 GGRA 在分配系数确定方面存在随意性,有学者提出了改进 GGRA。

改进 GGRA 用离差最大化的方法确定分配系数。离差是反映数据分布离散程度的量度之一,是衡量差异性的一个重要指标。若某样本值对所有样本值来说没有差别,则该样本重要性较低,其权重可为 0;反之,若该样本值对所有样本值差异较大,则该样本重要性较高,其权重应较大。因此,如令:

$$\begin{cases} B_{\varepsilon i} = \sum_{k=1}^{n} |\varepsilon_{0i} - \varepsilon_{0k}| \\ B_{\gamma i} = \sum_{k=1}^{n} |\gamma_{0i} - \gamma_{0k}| \end{cases} \quad (5\text{-}21)$$

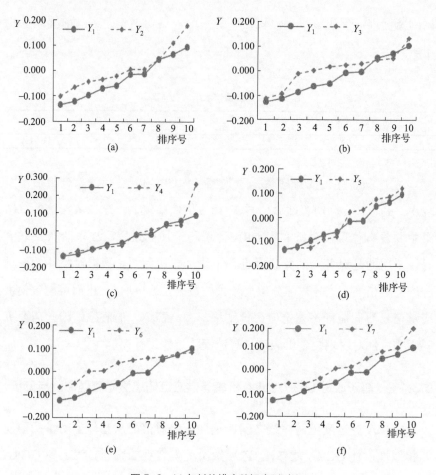

图 5-3 Y_1 与其他排序数据序列对比

式中，$B_{\varepsilon i}$ 和 $B_{\gamma i}$ 是灰色绝对关联度和灰色相对关联度的总离差，则离差最大化分配系数 θ 为

$$\theta_i = \frac{B_{\varepsilon i}}{B_{\varepsilon i} + B_{\gamma i}} \quad (5-22)$$

由此可得改进广义灰色关联度为：

$$\rho_{0i} = \theta_i \varepsilon_{0i} + (1-\theta_i)\gamma_{0i} \quad (5-23)$$

利用表 5-1 的数据，采用改进 GGRA 方法对该信息流程稳定性进行评价，在 $f_{1j}=0.5$ 时，计算基于改进 GGRA 的各序列之间的灰置信度如表

5-3 所示。

根据表 5-3 的灰置信度计算结果，序列 Y_1 与序列 Y_4、Y_5 之间的灰置信度超过了 90%，而与其他几个序列的灰置信度均低于 90%，根据判断标准，该供应链信息流程不稳定。这同样与该供应链信息流程稳定的前提条件相矛盾。

表 5-3　基于改进 GGRA 的灰置信度

f_{1j}	P_{12}	P_{13}	P_{14}	P_{15}	P_{16}	P_{17}
0.5	84.95%	86.69%	95.65%	94.91%	77.47%	80.45%

对比基于 GRA 和改进 GGRA 两种方法的评价结果，发现看似更加科学的改进 GGRA 方法得到的结果反倒比 GRA 与实际情况出入更大。深入分析改进 GGRA 的分析过程，发现其将折线之间的绝对相似程度与折线上各点与始点之间的相对变化速率进行了综合，而判断供应链信息流程稳定性只需要判断折线之间的相似性即可，因此，可以采用灰色绝对关联度来评价农机装备供应链信息流程的稳定性。

5.3.1.3　基于灰色绝对关联度的农机装备供应链信息协同流程稳定性评价与分析

根据灰色绝对关联度的计算方法，可以得到 Y_1 与其他各序列之间的灰色绝对关联度。在 $f_{1j}=0.5$ 时，计算 Y_1 与其他各序列之间的灰置信度，结果如表 5-4 所示。根据表 5-4 的灰置信度计算结果，序列 Y_1 与其他序列之间的灰置信度均超过了 90%，根据判断标准，该供应链信息流程稳定，这一结果与前提条件相一致。

为验证该方法评价结果的正确性，本书将运用 GAC 方法的评价结果与其他类似方法的评价结果做了对比，具体结果如表 5-5 所示。从表 5-5 和前文对基于 GAC 的供应链信息协同流程稳定性评价结果的分析可以知道，本书提出的方法与其他同类方法相比，能够更好地判断供应链信息协同流程的稳定性。

表 5-4　基于 GAC 的灰置信度

f_{1j}	P_{12}	P_{13}	P_{14}	P_{15}	P_{16}	P_{17}
0.5	99.02%	94.68%	99.11%	97.66%	98.58%	95.03%

对比四种方法对供应链信息协同流程稳定性评价结果（如图 5-4）可以发现，对于同样的数据，基于 GAC 的方法显然灰置信度变化相对较小，而其他两种方法相对变化较大，因此基于 GAC 的供应链信息协同流程稳定性方法可能存在灵敏性不足的问题。

表 5-5　评价结果对比

方法	GRA	GGRA	改进 GGRA	本书方法
f_{1j}	0.5	0.5	0.5	0.5
P_{12}/%	97.87	90.23	84.95	99.02
P_{13}/%	95.73	89.12	86.69	94.68
P_{14}/%	89.88	97.12	95.65	99.11
P_{15}/%	96.84	80.51	94.91	97.66
P_{16}/%	91.35	86.41	77.47	98.58
P_{17}/%	93.98	72.19	80.45	95.03
评价结果	不稳定	不稳定	不稳定	稳定

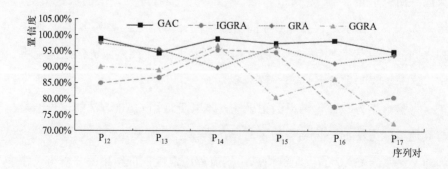

图 5-4　四种方法对比

为评估基于 GAC 的供应链信息协同流程稳定性评价方法的灵敏性，人为在数据序列中加入野值，即故意增加或减少序列中的某个数据，再用该方法进行评价，根据结果确定该方法的灵敏性。

从 $Y_2 \sim Y_7$ 中任选 2 个数据序列 Y_5 和 Y_7，将 Y_5 中的一个数据人为增加，Y_7 中的一个数据人为减少，得到新的数据序列 $Y_{5'}$ 和 $Y_{7'}$（黑体数据是人为设定的野值）：

$Y_{5'}$=[−0.130, −0.121, **1.123**, 0.027, −0.074, 0.081, −0.123, 0.089, −0.086, 0.037]

$Y_{7'}$=[0.014, **1.080**, −0.035, 0.095, −0.057, 0.007, 0.182, 0.051, −1.070, −0.058]

对序列 $Y_{5'}$ 和 $Y_{7'}$ 数据进行排序，Y_1 和 $Y_{5'}$ 及 $Y_{7'}$ 排序数据序列的对比如图 5-5 所示。从图 5-5 可知，野值对协同流程稳定性影响很大，流程不稳定可能性大。

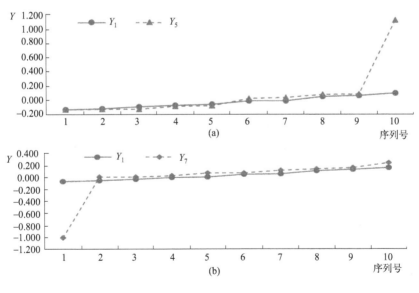

图 5-5 排序数据序列对比（加野值）

根据灰色绝对关联度的计算方法，可以得到 Y_1 与其他各序列的灰色绝对关联度。在 f_{1j}=0.5 时，计算 Y_1 与其他各序列之间的灰置信度，结果如表 5-6 所示。加野值后，序列 Y_1 与 $Y_{15'}$ 和 $Y_{17'}$ 之间的灰置信度降低，都在 90% 以下，而与其他序列之间的灰置信度并没有变化，根据稳定性判别标准，该供应链信息协同流程不稳定，结果与图 5-5 反映的结果一致。因此，基于序列之间灰色绝对关联度分析可用来评价农机装备供应链信息流程稳定性。

表 5-6　基于 GAC 的灰置信度（加野值）

f_{ij}	P_{12}	P_{13}	P_{14}	$P_{15'}$	P_{16}	$P_{17'}$
0.5	99.02%	94.68%	99.11%	85.72%	98.58%	57.28%

5.3.2　农机装备供应链信息协同流程优化模型

以农机装备供应链信息协同流程稳定性评价为核心，建立供应链信息协同流程优化模型如图 5-6 所示。主要包含以下步骤：

步骤 1　选定需要研究的农机装备供应链信息协同流程。

步骤 2　获取现行的供应链信息协同流程数据序列。

步骤 3　供应链信息协同流程稳定性评价。

利用上文提出的供应链信息协同流程稳定性评价方法对现行的供应链信息协同流程情况进行评价。如果评价结果为稳定，则保持现有供应链信息协同流程现状。否则执行步骤 4。

步骤 4　对现行供应链信息协同流程进行优化。

利用 ECRS 和 5W1H 等方法对现行供应链信息协同流程进行优化，得到新的供应链信息协同流程方案。

步骤 5　对新供应链信息协同流程进行试运行。

步骤 6　获取新供应链信息协同流程的数据序列。

步骤 7　对新供应链信息协同流程进行评价。

利用上文提出的评价方法对新供应链信息协同流程情况进行评价。

如果评价结果为稳定,则执行步骤 8;否则,执行步骤 4。

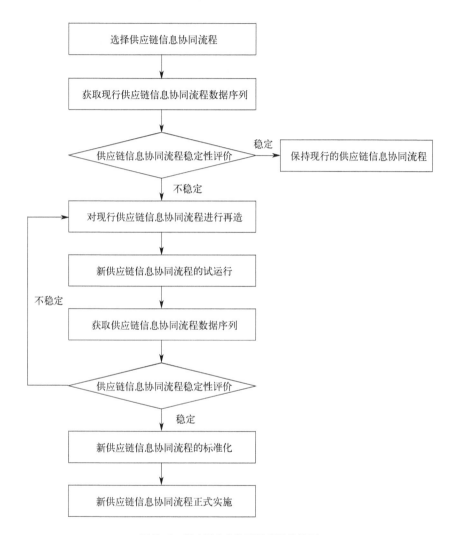

图 5-6　供应链信息协同流程优化模型

步骤 8　新供应链信息协同流程的标准化。

步骤 9　新供应链信息协同流程方案的正式实施。

5.4 实例验证

步骤1 选定需要研究的供应链信息协同流程。

选取研究对象——某农机装备企业的供应链信息流程进行案例分析。

步骤2 获取现行的供应链信息协同流程数据序列。

以该企业物料采购部门收到生产顺序计划的实际时间与规定的标准时间之差建立数据序列，连续抽取70次，得到的数据依次为：-4.02，0.15，1.04，-2.26，1.18，2.21，-0.10，-0.93，-0.75，1.02，4.54，1.01，0.19，1.89，3.29，0.22，-0.68，-2.20，2.91，1.13，2.16，0.02，0.23，-0.04，3.87，2.45，-3.25，-1.20，-0.05，-0.41，4.88，0.83，-4.19，0.98，1.34，-0.34，-2.08，-0.99，1.51，0.10，-1.30，-0.33，-4.47，1.54，-1.00，-3.15，3.82，-2.67，-1.37，-3.60，3.13，-1.45，2.44，-1.52，-2.48，2.47，2.18，0.01，0.14，-4.13，-3.33，-3.04，-0.64，-0.49，-0.22，-0.17，0.86，1.06，1.20，2.06。取第 1~10 个数据作为本征数据序列 Y_1，11~20、21~30、31~40、41~50、51~60 个数据分别为评估数据序列 Y_2~Y_6，则排序数据序列为：

Y'_1=[-4.02，-2.26，-0.93，-0.75，-0.10，0.15，1.02，1.04，1.18，2.21]

Y'_2=[-2.20，-0.68，0.19，0.22，1.01，1.13，1.89，2.91，3.29，4.54]

Y'_3=[-3.25，-1.2，-0.41，-0.05，-0.04，0.02，0.23，2.16，2.45，3.87]

Y'_4=[-4.19，-2.08，-0.99，-0.34，0.10，0.83，0.98，1.34，1.51，4.88]

Y'_5=[-4.47，-3.6，-3.15，-2.67，-1.37，-1.3，-1，-0.33，1.54，3.82]

Y'_6=[-4.13，-2.48，-1.52，-1.45，0.01，0.14，2.18，2.44，2.47，3.13]

步骤3 供应链信息协同流程稳定性评价。

Y_1 与其他各序列排序数据序列的对比图如图 5-7 所示。

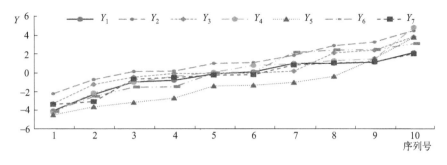

图 5-7 排序数据序列对比

根据灰色绝对关联度的计算方法，可以得到 Y_1 与其他各序列的灰色绝对关联度，在 f_{1j}=0.5 时，计算 Y_1 与其他各序列之间的灰置信度，结果如表 5-7 所示。序列 Y_1 与其他序列之间的灰置信度均超过了 90%，表明该供应链信息协同流程稳定，应保持现有供应链信息协同流程现状。

表 5-7 灰置信度

f_{1j}	P_{12}	P_{13}	P_{14}	P_{15}	P_{16}	P_{17}
0.5	94.74%	97.29%	94.01%	90.61%	95.08%	90.42

案例分析结果表明，使用基于 GAC 的供应链信息协同流程优化模型，可以实现对供应链信息协同流程稳定性评价，并根据评价结果采取适当措施，实现农机装备供应链信息协同流程优化。

5.5 本章小结

本章对网络协同制造环境下农机装备供应链信息协同流程优化进行了研究。在对网络协同制造环境下农机装备供应链信息协同流程优化问题进行分析的基础上，确定以供应链信息协同流程稳定性作为主要指标建立模型。以供应链网络管理节点收到信息的实际时间和标准时间之差作为供应链信息协同流程的数据序列，分别基于 GRA、改进 GGRA 对供应链信息协同流程稳定性进行评价，构建了基于 GAC 的供应链信息协同流程稳定性评价方法，灵敏性分析显示，该方法能够准确评价供应链信息协同流程的稳定性。基于稳定性评价结果，提出了农机装备供应链信息协同流程优化模型，实例验证表明了该模型的可行性。

第 6 章

农机装备供应链未来研究方向

6.1 当今技术难点

网络协同制造成为农机装备行业实现数字化、网络化、智能化转型的重要途径，同时网络协同制造的新环境使传统物流供应链管理遇到了前所未有的挑战。传统企业间的竞争已逐步演变为供应链与产业链优化的竞争，对农机装备供应链的协同性提出了更高的要求。

本书以农机装备制造企业及其物流供应链为研究对象，建立了基于数据分解集成的需求预测方法，构建了多周期、多产品库存控制方法，设计了网络协同制造模式下内外部供应链物料配送策略，提出了基于GAC的供应链信息协同流程优化模型。本书的主要创新性成果如下：

（1）建立了基于数据分解集成的农机装备需求预测方法

针对农机装备企业供应链产品需求量历史数据的复杂特点，提出一种峰谷生产下基于数据分解集成的需求预测方法。通过经验模态分解和信号频谱分析将复杂的被预测变量序列中的周期性波动分离，将原序列重构为周期性波动序列与多因素影响序列，根据各子序列特征构建输入特征，结合时间序列模型与定量回归模型建立了 GSCV-SVR-Prophet 组合预测模型，有效避免了单一预测模型的局限性，减少了预测误差。

（2）构建了多周期、多产品农机装备供应链库存控制方法

针对农机装备供应链库存现状，利用信息化技术和基于 CPFR 的供应链库存管理改进了库存管理模式。在此基础上，建立了基于需求预测的供应链库存控制策略。针对峰谷生产下农机装备企业供应链多周期、多产品的库存控制现状，从多阶段决策问题和报童问题的视角，构建了多产品动态规划的阶段效益函数，构建了多周期、多产品库存决策模型。组合了动态规划与离散鲸算法，建立了 DP-DWOA 多周期、多产品库存控制模型求解算法，实现了基于需求预测的库存控制智能优化决策。

（3）设计了网络协同制造模式下农机装备内外部供应链物料配送策略

针对供应链物料配送过程中信息共享与协同性不足、物料配送效率低、配送总成本高等问题，将网络协同制造技术应用于物流配送过程中，实现物流信息的共享与协同。构建网络协同制造模式下农机装备供应链管理系统，制定网络协同制造模式下内外部供应链物料配送策略。构建外部供应链物料采购配送优化模型与智能求解算法，建立基于生产计划的内部供应链多目标物料配送模型与 IMOGWO 算法，实现物料配送的科学决策。

（4）提出了基于 GAC 的农机装备供应链信息协同流程优化模型

针对网络协同制造环境下农机装备供应链信息协同流程的稳定性问题，建立了供应链信息协同流程数据序列。基于排序数据序列特性，分析了传统稳定性评价结果。应用灰色绝对关联分析方法，建立农机装备供应链信息流程稳定性评价模型，分析其灵敏性，构建了面向网络协同制造的农机装备供应链信息协同流程优化模型，为实现农机装备供应链信息协同流程优化提供理论支持。

6.2 未来研究方向

本书对网络协同制造环境下农机装备物流供应链关键技术进行了较为系统的研究，取得了一定的进展和较好的应用效果。但研究还存在一些不足，仍有部分问题需要进一步深入研究。

① 本书建立的组合预测模型，在小样本量的预测中具有一定的优势，但 SVR 模型对大规模数据训练比较困难，随着数据量的不断增加，SVR 模型的预测性能无法得到保证。后续工作可考虑大数据下的预测模型构建。

② 本书建立的多周期、多产品库存控制模型，虽然考虑了多产品的库存控制，但不同型号零部件的库存控制是多个库存的独立控制。后续工作可建立多产品库存联合控制模型。

③ 本书研究农机装备供应链如何实现信息共享和提高效率、降低配送总成本，但是目前的研究尚且未能揭示进行供应链物料配送管理时供应链协同管理绩效对物料配送的具体影响程度。

④ 本书没有涉及农机装备供应链信息协同平台的设计开发，未来可以将设计开发嵌入本书所提模型和算法的供应链信息协同平台作为重要的研究方向。

本书的顺利完成不是本领域探索的终点，而是新的起点。不足之处将成为进一步探求的切入点。

参考文献

[1] 覃雪莲，刘志学．供应链物流服务质量研究述评与展望 [J]．管理学报，2018，15(11)：1731-1738．

[2] 李佳，贾仕齐．网络协同制造模式及标准化方向研究 [J]．制造业自动化，2024，46(01)：161-164+185．

[3] 罗建强，李丰源，李洪波．农机装备服务型网络协同制造模式构建及运行机制设计 [J]．中国科技论坛，2021(12)：70-78．

[4] 罗建强，李丰源，李洪波．农机装备服务型网络协同制造模式价值创造分析 [J]．工业工程与管理，2023，28(05)：67-78．

[5] 石硕，林喜军，于树松．面向数控机床产业集群区域网络协同制造的信息共享安全机制 [J]．制造业自动化，2021，43(10)：131-133．

[6] 陈建萍，周恢，王凯，等．仪器仪表网络协同制造模式研究 [J]．制造业自动化，2024，46(01)：210-213．

[7] 朱晓霞，王成亮，孟建芳，等．"三链"融合下网络协同制造下企业合作竞争机制研究 [J]．现代制造工程，2019(07)：41-48．

[8] 毕闻芳，吴锋，纪妍．复杂重型装备网络化协同制造平台发展研究 [J]．重型机械，2022(4)：1-9．

[9] 闫红翔，鄢萍，吴鹏飞，等．复杂重型装备网络协同制造平台功能架构 [J]．重型机械，2021(1)：8-14．

[10] 黎小华，许艾明，张整新，等．航空装备数字化供应链协同制造云平台研究 [J]．现代制造工程，2022(11)：8-15．

[11] Zhang X, Ming X, Bao Y, et al.System construction for comprehensive industrial ecosystem oriented networked collaborative manufacturing platform (NCMP) based on three chains[J]. Advanced Engineering Informatics，2022，52：101538．

[12] Wang H, Liu L, Fei Y, Liu T.A collaborative manufacturing execution system oriented to discrete manufacturing enterprises.Concurrent Engineering.2016，24(4)：330-343．

[13] 郑琰，黄兴，肖玉杰．基于时间序列的商品需求预测模型研究 [J]．重庆理工大学学报（自然科学版）.2019，33(9)：217-222．

[14] 杨越，潘常青，朱燕刚，等．基于时间序列模型的医院医用高值耗材需求量预测研究 [J]．中国医疗设备，2020，35(12)：138-141．

[15] Farimani N M, Parsafar P, Mohammadi S.Evaluation performance of time series methods in demand forecasting：Box-Jenkins vs artificial neural network (Case study: Automotive Parts industry) [J]. Journal of Statistical Computation and Simulation，2022(92)：1-20．

[16] Angulo-Baca A, Bernal-Bazalar Mi, Sotelo-Raffo J, et al.Collaborative Model Based on ARIMA Forecasting for Reducing Inventory Costs at Footwear SMEs[J].Intelligent Human Systems Integration，2020：697-703．

[17] 高东东，王凤忠，成祥玉．基于需求预测的电商仓库库存研究 [J]．物流技术，2022，41(8)：78-82．

[18] 刘登一，侯胜利．一种基于有偏估计的飞机备件需求预测模型 [J]．兵器装备工程学报，2022，43(4)：152-157．

[19] Aktepe A, Yanık E, Ersöz S.Demand forecasting application with regression and artificial intelligence methods in a construction machinery company[J].Journal of Intelligent Manufacturing, 2021, (32):1587-1604.

[20] Zhou X, Gao Y, Yao W, et al.A Robust Segmented Mixed Effect Regression Model for Baseline Electricity Consumption Forecasting[J].Journal of Modern Power Systems and Clean Energy, 2022, 10(1): 71-80.

[21] Hossein A, Mostafa S, Mohsen Y.An optimized model using LSTM network for demand forecasting[J].Computers & Industrial Engineering, 2020, 143: 106435.

[22] Peng Y L, Liang T, Hao X J, et al.CNN-GRU-AM for Shared Bicycles Demand Forecasting[J]. Computational Intelligence and Neuroscience, 2021, 2021: 5486328.

[23] 任春华, 孙林夫, 韩敏. 面向多价值链的汽车配件需求预测模型 [J]. 计算机集成制造系统, 2021, 27(10): 2786-2800.

[24] 董琪, 赵建忠, 隋江波, 等. 基于支持向量机的备件需求预测研究 [J]. 计算机与数字工程, 2020, 48(03): 509-512+585.

[25] Guo L, Fang W G, Zhao Q H, et al.The hybrid PROPHET-SVR approach for forecasting product time series demand with seasonality[J].Computers & Industrial Engineering, 2021, 161: 107598.

[26] 刘志壮, 吕谋, 周国升. 基于小波组合模型的短期城市用水量预测 [J]. 给水排水, 2020, 46(10): 110-114+131.

[27] 高恬, 牛东晓, 纪正森, 等. 双碳目标下基于分解-集成的月度煤电需求预测研究 [J]. 智慧电力, 2022, 50(9): 22-29.

[28] 白朝阳, 宋林杰, 李晓琳. 基于EMD-PSO-LSSVR的物料需求组合预测模型 [J]. 统计与决策, 2018, 34(18): 185-188.

[29] Li J N, Shi X L, Huang A Q, et al.Forecasting emergency medicine reserve demand with a novel decomposition-ensemble methodology[J].Complex & Intelligent Systems, 2021(772): 1-11.

[30] Rezaali M, Quilty J, Karimi A.Probabilistic urban water demand forecasting using wavelet-based machine learning models[J].Journal of Hydrology, 2021, 600: 126358.

[31] 朱连燕, 马义中, 吴锋, 等. 基于EOQ模型参数不确定性的稳健最优订货策略 [J]. 数理统计与管理, 2018, 37(4): 652-661.

[32] 许雪琦, 陆安琪, 王雷. 面向产品生命周期的库存分析与订货策略优化研究 [J]. 制造业自动化, 2022, 44(7): 39-42, 148.

[33] 陈亚玲, 张琳娟, 韦延强, 等. ABC分类法在手术室高值耗材库存管理中的应用 [J]. 护理研究, 2019, 33(14): 2486-2489.

[34] 陈金叶, 彭扬. 时变需求下基于随机干扰和部分预支付的易腐品库存控制 [J]. 物流技术, 2022, 41(8): 41-48.

[35] 孔子庆, 刘白杨, 刘济. 一种新的不常用备件需求预测和库存优化方法 [J]. 华东理工大学学报(自然科学版), 2022, 48(3): 366-372.

[36] 张建同, 贾会峰, 赵晓伟. 考虑多提前期的厨房电器供应链网络库存系统鲁棒控制研究 [J]. 运筹与管理, 2021, 30(5): 46-51.

[37] 赵川, 苗丽叶, 杨浩雄, 等. 随机需求下双渠道供应链库存动态交互优化 [J]. 计算机应用,

2020，40(9)：2754-2761.

[38] 李卓群，梁美婷.不确定需求影响下动态供应链库存策略选择[J].工业工程与管理，2018，23(4)：23-29.

[39] Darmawan A，Wong H，Thorstenson A.Supply chain network design with coordinated inventory control[J].Transportation Research Part E:Logistics and Transportation Review，2021，145：102168.

[40] Xiang Z，Yang J，Naseem M H，et al.Research on Dynamic Cooperative Replenishment Optimization of Shipbuilding Enterprise Inventory Control under Uncertainty[J].Sustainability，2022，14(4)：2113.

[41] Riezebos J，Zhu S X.Inventory control with seasonality of lead times[J].Omega，2020，92：102162-102175.

[42] 沈梦超，陈浩杰，罗焕，等.飞机移动生产线物料JIT配送模型及算法研究[J].制造业自动，2020，42(03)：1-4+23.

[43] 王昀睿，赵旭雯，武争利，等.基于混流生产模式的装配车间物料配送路径规划方法[J].现代制造工程，2021(07)：105-116.

[44] 杨晓英，王金宇.面向智能制造混流生产的供应链物流协同策略[J].计算机集成制造系统，2020，26(10)：2877-2888.

[45] 段金健，王美清，王泽宇.面向船舶制造企业车间作业过程物料配送优化方法[J].制造业自动化，2022，44(08)：85-93.

[46] 张守京，段娇，童傅娇.考虑工位服务满意度的物料配送路径优化研究[J].制造业自动化，2022，44(08)：27-33.

[47] 杨倩，陈再良.基于改进粒子群算法的车间物料配送方法研究[J].机械设计与制造，2022(08)：238-241.

[48] 郑广珠，杨晓英，张瑞敏，等.基于双层规划的多供应商物料配送期量优化[J].计算机应用与软件，2021，38(07)：87-92.

[49] 王金宇，杨晓英.基于JIS-VMI的供应商直供线边动态物料配送期量优化[J].系统科学学报，2021，29(04)：94-100.

[50] 马艳丽，秦钦，刘进平.考虑成本最优的物料配送方式组合优化模型[J].哈尔滨工业大学学报，2022，54(03)：48-56.

[51] 童傅娇，徐进，张守京.考虑工位优先级的智能车间双向物料配送路径规划[J].机电工程，2021，38(11)：1465-1471.

[52] 葛妍娇，郭宇，黄少华，等.基于智能感知网的物料配送动态优化方法[J].计算机工程与应用，2019，55(22)：212-218+230.

[53] 李亚杰，赵帅，杨晓英.面向网络协同制造的物料配送路径优化技术研究[J].现代制造工程，2021(11)：35-42.

[54] 刘玉浩，姜兆亮，阚平，等.发动机装配线关键工位物料动态配送方法[J].包装工程，2021，42(21)：239-246.

[55] 陈广胜，董宝力.基于改进遗传算法的物料配送多目标优化模型研究[J].现代制造工程，2017(07)：114-120.

[56] 程攀攀，杨晓英.基于Milk-Run的多供应商物料配送策略研究[J].制造业自动化，2019，41(11)：62-68.

[57] 张连超，刘蔚然，程江峰，等.卫星总装数字孪生车间物料准时配送方法[J].计算机集成制造系统，2020，26(11)：2897-2914.

[58] 陈荣，卞东东，王雯阳.基于改进蚁群算法的离散制造车间物料配送路径优化[J].安徽工业大学学报(自然科学版)，2021，38(04)：460-466.

[59] 周炳海，何朝旭.基于线边集成超市的混流装配线动态物料配送调度[J].吉林大学学报(工学版)，2020，50(05)：1809-1817.

[60] 张世文，袁逸萍，李明，等.基于实时定位的离散制造车间物料配送方法研究[J].机械设计与制造，2020(11)：18-20+25.

[61] Zhou B H，Shen C Y.Multi-objective optimization of material delivery for mixed-model assembly lines with energy consideration[J].Journal of Cleaner Production，2018，192(10)：93-305.

[62] Xia Y，Fu Z，Improved tabu search algorithm for the open vehicle routing problem with soft time windows and satisfaction rate[J].Cluster Computing，2019，22(Suppl 4)：8725-8733.

[63] Napoleaon，Ricardob，Placidor.A fast randomized algorithm for the heterogeneous vehicle routing problem with simultaneous pickup and delivery[J].Algorithms，2019，12(8)：158-170.

[64] Gong，Dengq，Gongx，et al.A bee evolutionary algorithm for multiobjective vehicle routing problem with simultaneous pickup and delivery[J].Mathematical Problems in Engineering，2018(1)：1-21.

[65] Altabeeb A M，Mohsen A M，Ghallab A.An improved hybrid firefly algorithm for capacitated vehicle routing problem[J].Applied Soft Computing，2019，84：105728.

[66] Yao B，Hup，Zhang M，et al.Artificial bee colony algorithm with scanning strategy for periodic vehicle routin problem[J].Simulation，2013，89(6)：752-770.

[67] Wang Y，Jiang Z，Wu Y.Model construction of material distribution system based on digital twin[J].The International Journal of Advanced Manufacturing Technology，2022，121(7)：l4485-4501.

[68] Nielsen I，Do N A D，Banaszak Z A，et al.Material supply scheduling in a ubiquitous manufacturing system[J].Robotics and Computer-Integrated Manufacturing，2017(45)：21-33.

[69] Milica P，Zoran M，Aleksandar J.A novel methodology for optimal single mobile robot scheduling using whale optimization algorithm[J].Applied Soft Computing，2019(81)：1-25.

[70] Rahman H F，Nielsen I.Scheduling automated transport vehicles for material distribution systems[J].Applied Soft Computing，2019，82：105552.

[71] Olivier G，Zakaria H，Benoit B，et al.A hybrid genetic algorithm approach to minimize the total joint cost of a single vendor multi-customer integrated scheduling problem[J].Transportation Planning and Technology，2019，42(6)：625-642.

[72] 江务学，胡选子，刘敏霞，等.一种基于多智能体云供应链信息协同模型[J].系统仿真学报，2016，28(01)：51-56.

[73] Ha A.Y.，Tian Q.，Tong S.Information sharing in competing supply chains with production cost reduction[J].M&Som-Manufacturing & Service Operations Management，2017，19(2)：246-262.

[74] 汪传雷，万一荻，秦琴，等.基于区块链的供应链物流信息生态圈模型[J].情报理论与实践，2017，40(07)：115-121.

[75] Zheng Q.Collaborative optimization strategy of retail enterprises' supply chain information based

on system dynamics [J].Agro Food Industry Hi-Tech,2017,28(1):3354-3357.

[76] Gonul Kochan C.,Nowicki D.R.,Sauser B.,et al.Impact of cloud-based information sharing on hospital supply chain performance:A system dynamics framework[J].International Journal of Production Economics,2018,195:168-185.

[77] 赵谞博,侯贵宾.港口干散货物流供应链信息协同运作模式分析[J].水运工程,2018,(02):151-156.

[78] Kembro J.,Naslund D.,Olhager J.Information sharing across multiple supply chain tiers:A Delphi study on antecedents[J].International Journal of Production Economics,2017,193:77-86.

[79] 张涛,徐莉莉,吴珍华.汽车零部件入厂物流中物联网采纳影响因素研究[J].系统管理学报,2018,27(02):254-263.

[80] 关越.基于区块链的供应链信息协同管理研究[D].秦皇岛:燕山大学,2018.

[81] 李杰.区块链在供应链信息协同管理中的应用研究[D].杭州:浙江理工大学,2020.

[82] 徐莉莉,孙亦峰,张涛.物联网环境下的供应链信息协同研究[J].物流技术,2015,34(05):254-257.

[83] Jiang W.An intelligent supply chain information collaboration model based on internet of things and big data[J].IEEE Access,2019,7:58324-58335.

[84] 潘婉彬,张恋.基于EMD方法的融资融券顺周期性研究[J].中国科学技术大学学报,2020,50(8):1144-1155.

[85] King R G,Rebelo S T.Transitional dynamics and economic growth in the neoclassical model[J].American Economic Review,1993,83(4):908-931.

[86] Harvey A C,Jaeger A.Detrending,stylized facts and the business cycle[J].Journal of Applied Econometrics,1993,8(3):231-247.

[87] Huang N E,Shen Z,Long S R,et al.The empirical mode decomposition and the Hilbert spectrum for nonlinear and non-stationary time series analysis[J].Proceedings of the Royal Society.Mathematical,physical & engineering sciences,1998,454:903-995.

[88] 江昱佼,高亦谈,黄沛,等.快速傅里叶变换在阿秒束线光路稳定控制中的应用[J].物理学报,2019,68(21):88-94.

[89] 杨丽娟,张白桦,叶旭桢.快速傅里叶变换FFT及其应用[J].光电工程,2004(S1):1-3+7.

[90] 刘峰,杨成意,齐佳音.面向突发事件识别与测度的金融信号分析[J].计算机工程与应用,2022,58(12):269-279.

[91] 闫政旭,秦超,宋刚.基于Pearson特征选择的随机森林模型股票价格预测[J].计算机工程与应用,2021,57(15):286-296.

[92] 南农.2020年农机市场:冰火两重天,结构调整成主流[J].南方农机,2021,52(3):2-3.

[93] 李玉良,邵新宇,李培根,等.CPFR——供应链库存管理技术的新趋势[J].机械设计与制造工程,2001,(3):1-3.

[94] 段磊.基于组合需求预测模型的S公司库存控制研究[D].南京:南京航空航天大学,2019.

[95] 张维君,薛成玉.基于离散鲸鱼优化算法的仓储物流AGV路径规划[J].物流技术,2022,41(9):115-119+139.

[96] 李佳,贾仕齐,网络协同制造模式及标准化方向研究[J].制造业自动化,2024,46(01):161-164+185.

[97] Mirjalili S，Mirjalili S M，Lewis A.Grey wolf optimizer[J].Advances in engineering software，2014(69)：46-61.

[98] 戚艳，尚学军，聂靖宇，等.基于改进多目标灰狼算法的冷热电联供型微电网运行优化 [J].电测与仪表，2022，59(06)：12-19+52.

[99] 夏新涛，秦园园，邱明.基于灰关系的制造过程稳定性评估 [J].航空动力学报，2015，30(03)：762-776.

后 记

本书为国家重点研发计划项目"农业装备制造产业集聚区域网络协同制造集成技术研究与应用示范"（2020YFB1713500）和科技部创新方法工作专项"农机装备智能制造创新方法系统性应用研究与示范"（2016IM030200）研究的阶段性成果。

感谢苏建新教授在本书写作过程中提出的精辟透彻见解，感谢张志文副教授奉献的建设性意见，感谢研究生张杨航、王保森对相关问题研究付出的积极努力，感谢研究生张淑萍、刘芬对文稿认真负责的校对。

感谢河南科技大学、机械装备先进制造河南省协同创新中心和高端轴承河南省协同创新中心对我的支持，尤其是机电工程学院的领导及工业工程系的同事对我工作和学习的帮助。

感谢本书参考文献的各位作者，您们的学术观点为本书的写作拓宽了思路，您们的真知灼见是我学习的宝贵财富。

最后，特别感谢我的家人，你们的坚定支持一直是我前进的动力。感谢我的女儿吕若溪，你给我带来了人生中最绚丽的阳光。只要你愿意，我将牵着你的手，伴随你茁壮成长，直到你羽翼丰满，能够自由翱翔。

吕锋

2024 年 3 月 27 日